OSONS LA FRAGILITÉ

GENEVIÈVE ABRIAL

OSONS LA FRAGILITÉ

Harmonie SOLAR

Sommaire

Quatrième partie
La face sombre de la fragilité

Cinquième partie
La fragilité comme processus initiatique

Introduction

Beaucoup se sentent fragiles et craignent de l'avouer, ou de se l'avouer. En ont honte. Oser parler de sa fragilité, oser la montrer, oser la reconnaître comme faisant partie de soi est une démarche difficile.

Perte de sens et manque d'espoir envahissent pourtant chacun régulièrement. Des fêlures se font jour, des solitudes, de mauvaises estimes de soi, le sentiment du vide… L'individu quelquefois ne se sent pas protégé, ni relié. Il perd confiance en l'autre, en lui-même.

Sa fragilité se révèle alors parfois dans des symptômes, sous la forme de maladies, de « mal à être ». Elle est souvent non dite.

L'obligation d'être efficace, de garder le contrôle sur toute notre vie, n'encourage pas à exprimer la difficulté à être soi-même ou à trouver sa place.

Pourtant, le mal-être grandit, dans une société moderne où règnent la méconnaissance et l'irrespect des besoins humains fondamentaux et la vision mécaniste et fragmentée de l'individu. Celui-ci, perdu dans une société déboussolée, sans repères structurants, devient vulnérable. Son être psychique a parfois des difficultés à se construire au sein des profondes mutations en cours qui mettent à mal les identités.

Comment ne pas se perdre dans des sociétés où il est si facile de passer à côté de soi ?

Face à cette fragilité que chacun a connue, connaît ou connaîtra, deux postures sont possibles :

Négliger la part d'angoisse inhérente à sa condition d'être humain, ce qui occasionne un aveuglement à soi et au monde. Nier sa fragilité, la maîtriser, se durcir, ne s'intéresser qu'à la performance, la réussite matérielle, l'avoir, le pouvoir… tout cela entraîne dans une course sans fin dont le sens se perd.

Une autre voie consiste à plonger dans la souffrance, laisser la désespérance envahir la psyché, parfois sans retour possible. Être fasciné par le désespoir, voire le morbide, prôner l'anti-vie, renoncer à tout espoir, refuser tout changement : certains s'en délectent, d'autres en souffrent énormément.

Ne pouvons-nous pas faire autrement ? Avons-nous les moyens de transformer notre complexité, nos fragilités, notre sensibilité, afin de nous ouvrir à une partie de nous plus profonde, plus essentielle, plus vaste en même temps ?

Est-il possible d'accepter sa fragilité, d'en faire un moteur de vie ? Est-il possible d'explorer son être sensible, de l'habiter entièrement et le développer jusqu'à créer sa plénitude ?

Je pense qu'on peut dépasser sa fragilité en utilisant sa sensibilité comme un atout pour construire sa vie. Ne plus considérer ses failles comme des imperfections, ne plus se comparer à un idéal qui n'existe pas, ne plus craindre la faiblesse, mais observer au contraire une richesse, un horizon de possibilités créatives, une source de questionnements féconds.

Ceci est la condition de l'être vivant que nous sommes : comme tout organisme autonome et complexe, nous contenons fragilité et force en même temps.

La fragilité est trop souvent considérée comme un défaut, le manque des qualités nécessaires pour bien mener sa vie.

Les synonymes de fragile le prouvent : impuissant, faible, incertain, indécis, mou, influençable, instable, désarmé, doux, facile.

Nous parlons de la part fragile, cette part qui fait souffrir, qui fait douter, qui rend triste et déprimé à certaines périodes de la vie, qui est en chacun de nous mais reste trop souvent ignorée.

Quels en sont les indices ? En quoi des parties de soi sont-elles fragiles, et comment les reconnaître ?

Notre construction et les combats intérieurs avec lesquels nous nous bâtissons produisent en même temps fragilité et force. Les passages importants de notre vie nous ont parfois fortement secoués. Des pulsions opposées se déchirent en nous, et toute évolution passe par des phases naturelles de construction et de déconstruction. Notre relationnel aussi est marqué par ces déchirures, et témoigne de qui nous sommes.

Les blessures invisibles sont les plus tenaces, les plus profondes. Les chocs émotionnels provoquent des vagues longtemps encore après leur impact. Des histoires de fragilité, illustrées par des exemples littéraires ou des témoignages vécus, montrent les traces que laissent en nous ces meurtrissures anciennes ou récentes et décèlent ces points aveugles que nous abritons plus ou moins inconsciemment.

Pour se protéger, l'être possède bon nombre d'outils à sa disposition. Mais ces outils d'autoprotection sont des pièges s'ils s'érigent en barricades contre soi-même et nous coupent de nos fonctionnements réels. La fragilité est alors niée. À l'inverse, elle peut aussi fasciner.

En effet, sa face sombre – le mal de vivre et la désespérance institués en mode de vie, les idées négatives, le nihilisme – a séduit beaucoup d'entre nous. Nombreux sont les exemples de ce « soleil noir de la mélancolie »[1] dans les créations. Nous sublimons le désespoir chacun à notre façon et nous aimons nous abreuver de temps en temps aux sources noires de la

1. « El Desdichado », *in Les Chimères*, Gérard de Nerval, éditions Folio, collection classiques, 2005.

tristesse, du *spleen*, aux eaux purifiées ou vaseuses de certains « professeurs de désespoir »[1].

Après ce passage, on peut être tenté de considérer et d'apprécier l'autre côté : la face lumineuse de la fragilité.

Le cheminement pour faire de sa fragilité une source de force, pour mobiliser ses capacités d'autoguérison, pour affirmer sa liberté tout en étant impliqué, concerné, peut se lire comme une série de huit mouvements.

- **Le premier est le mouvement vers soi** : travailler les blessures, puiser dans le passé-source, assumer ses faiblesses, se voir dans le miroir tendu par les autres.
- **Le deuxième est la rencontre éclairée de sa souffrance,** source de créativité.
- **Ensuite, le mouvement vers ses forces** : prendre contact avec ses atouts, son potentiel, ses spécificités. Renouer avec son désir, cette énergie vitale à mobiliser afin de prendre contact avec son être.
- **Le mouvement vers la construction** est la possibilité de décider de son itinéraire, de faire des choix, d'être sujet de sa vie, en s'aidant de la pensée, de la réflexion, du savoir, de la culture et de la curiosité intellectuelle.
- **Le mouvement vers l'extérieur** nous amène à nous lier aux autres, besoin fondamental qui nous construit, nous fait exister.
- **Le mouvement vers notre créativité** qui nous fait sublimer nos zones d'ombre.
- **Le mouvement vers la réalité** nous permet de nous affirmer, ici et maintenant, dans notre différence, notre subjectivité. Sans l'action, la fragilité reste maîtresse.

1. *Professeurs de désespoir*, Nancy Huston, éditions Actes Sud, 2004.

- **Un huitième mouvement est celui qui unit le tout en une harmonie.** C'est tolérer les contradictions, écouter les rythmes fondamentaux et le silence en nous.

Prendre soin de nos liens avec les autres, construire le sens de notre existence, apprendre à réunir en un tout sa vie, ses valeurs, son être psychique : prendre contact avec nos rythmes profonds et intimes nous apporte équilibre et harmonie.

Voir dans les épreuves de la vie une occasion de se renouveler, trouver en soi des ressources inédites, se transformer et changer sa vision du monde : je voudrais montrer que l'on peut aller à la rencontre de sa fragilité en un chemin initiatique. Finalement se recentrer sur l'essentiel, sur des valeurs saines, et ainsi donner une direction à l'insensé en nous !

À certains moments de votre vie, lors d'une pause, d'un chagrin, d'une introspection, d'un coup dur, d'une perte, lorsque vous êtes dans un état de conscience différent, ne ressentez-vous pas soudain un sentiment vertigineux de vitesse, de dérisoire, de petitesse dans l'immensité, d'insensé ?

> « L'humilité vraie est la connaissance qu'on est néant en tant qu'être humain, et, plus généralement, en tant que créature.[1]

Ceci est un des visages de la fragilité, celui qui transcende, voit au-delà.

Comment transcender ce sentiment, ne pas le laisser nous appauvrir, nous anéantir, mais au contraire lui donner un sens au-delà de nos vies ?

Pouvons-nous tirer de nos souffrances le fil de notre évolution personnelle ?

Est-il possible, en allant loin dans la conscience de soi, de puiser une richesse nouvelle ?

1. *La Pesanteur et la Grâce,* Simone Weil, éditions Agora Pocket, 2012.

Quels que soient les vécus, le chemin fait des détours : par les doutes, les conflits intérieurs. L'identité, l'entièreté, la stabilité, la cohérence de la personne se perdent, s'effilochent, puis se recréent, se refaçonnent. Elles sont encore mises à mal, puis de nouveau à reconstruire.

Je voudrais montrer dans cet ouvrage que la fragilité est un ensemble de qualités, un trésor méconnu, que l'on peut apprendre à connaître et à considérer positivement. Je voudrais aussi indiquer que la fragilité n'est pas réservée à certains. Chacun de nous en possède une part en lui, parce qu'elle participe à notre construction personnelle et sociale.

Et surtout, je voudrais souligner qu'en prenant conscience de notre fragilité, ce sont les éléments de notre humanité profonde, les ferments de notre évolution et de notre créativité que nous trouvons.

Étant en contact au quotidien avec les dédales souterrains du psychisme humain, je vois les peines et les douleurs engendrées par la difficulté d'exister, mais je constate aussi toute l'inventivité et les ressorts qui accompagnent la vie psychique.

J'observe que nos fragilités proviennent de notre essence, de notre histoire personnelle et humaine. Que des blessures inscrites en nous nous parcourent, nous fondent, et transparaissent de temps à autre, inattendues, surprenantes. Elles nous semblent si familières, et en même temps s'imposent à nous sans que nous puissions les maîtriser parfois.

Accepter sa fragilité, c'est montrer ses sentiments, c'est accepter de vivre ses émotions, ses doutes, ses questionnements. L'assumer, en prendre connaissance, permet de nous armer pour vivre. Nous enrichir de ce qui nous rend sensibles (mais aussi lucides) permet de nous rendre forts. Assumer sa fragilité, c'est s'interroger sur le sens de sa vie, sur le temps et la communication avec tout ce qui nous entoure.

Comprendre la fragilité humaine est la quête de l'homme depuis la nuit des temps. Les générations précédentes ont toutes tenté de percer le mystère de l'essence humaine, en s'appuyant sur les hypothèses de leurs prédécesseurs et les repères de ceux qui ont accompli ce chemin. Cette recherche est celle de tous, et en même temps, chacun accomplit la sienne, unique, particulière, dans un mouvement personnel et singulier.

> L'essence est « cette questionnabilité qui maintient l'être ouvert à la possibilité de ses possibles et de son futur ».[1]

L'homme est questionnement, donc ouverture sur l'inconnu, notamment sur le méconnu, l'infini qui est en lui.

Je propose dans ce livre de partager quelques-unes de ces questions, dans le simple but de vous donner des repères pour mieux comprendre de quels matériaux psychiques nous sommes faits, afin de montrer qu'il est possible de les utiliser comme briques de construction.

Ce livre n'est pas à parcourir comme une liste de recettes applicables. Ce n'est pas non plus une description du modèle idéal. Il présente plutôt de la matière pour réfléchir, pour se poser des questions et trouver des moyens de cheminer plus loin.

L'expérience de la fragilité nous amène à créer nous-mêmes notre vie, à apprendre la liberté, la nouveauté. Comme tout apprentissage, celui-ci contient ses progrès et ses régressions.

C'est un chemin d'individuation, qui s'invente au fur et à mesure, celui d'un sujet qui exprime ce qu'il est à l'intérieur et à l'extérieur, dans sa relation au monde. Il va chercher ses propres ressources dans ses blessures, ce qui est à transmettre et à communiquer de plus humain, de plus essentiel.

1. *Mourir un peu,* Sylvie Germain, éditions Desclée de Brouwer, 2000, p. 15.

C'est un cheminement singulier – en résonance avec sa partie profonde et solitaire –, qui prend également soin du lien aux autres et au monde.

> “La théorie de la ressource est indissociable de l'expérience de la blessure.[1]

Le chemin vers sa fragilité permet de développer son intériorité, de lui donner du relief. De la parcourir encore et encore pour créer son territoire psychique.

Et qu'il est bon de se regarder avec plus de bienveillance pour laisser jaillir les qualités qui sont au cœur de cette sensibilité !

1. *Revivre. Éprouver nos blessures et nos ressources*, Frédéric Worms, éditions Flammarion, 2012, p. 259.

PREMIÈRE PARTIE

CONNAÎTRE SA FRAGILITÉ

« C'est pas forcément la misère
C'est pas Valmy, c'est pas Verdun
Mais c'est des larmes aux paupières
Au jour qui meurt, au jour qui vient
Le mal de vivre
Le mal de vivre
Qu'il faut bien vivre
Vaille que vivre »

Barbara

Nous ressentons parfois de la tristesse, du découragement, un vague à l'âme difficile à décrire, à cerner. Celui-ci prend la forme d'impressions plus ou moins diffuses, fugaces ou persistantes, et ces brouillards de l'âme nous habitent quelquefois si totalement qu'ils nous donnent envie de fuir notre « maison ».

Doit-on reconnaître sa part fragile derrière ces troubles, ces malaises ? Comment y faire face ?

Est-ce être fort ou fragile que de reconnaître sa part de fragilité ?

Suis-je fragile ou fort ?

Roseau ou chêne

On dit qu'un verre est fragile parce qu'il se brise en percutant une surface dure. Le frêle roseau pliant sous les vents semble prêt à rompre, à côté du chêne imposant, solide sur ses bases, que rien ne fait vaciller. Pourtant, le roseau résiste à la tempête, lui…

> « Le vent redouble ses efforts,
> Et fait si bien qu'il déracine
> Celui de qui la tête au ciel était voisine
> Et dont les pieds touchaient à l'empire des morts.[1]

La fable *Le Chêne et le Roseau*, de Jean de La Fontaine, illustre l'arrogance de celui qui se croit puissant, supérieur et nargue le petit. Or, le faible en apparence s'avère bien mieux armé face à l'adversité, sa souplesse lui permettant de se contorsionner sous l'obstacle, de s'adapter. Quant au colosse immuable dans sa raideur, il est certes proche du ciel, mais il a les pieds dans la tombe sans le savoir, et il meurt de sa résistance immobile.

La recherche étymologique nous apprend que le latin *fragilis* a engendré « fragile », qui signifie « cassant », « périssable ». Le deuxième sens du mot fragilité dérive de *fragilitas* : « frêle ».

1. « Le Chêne et le Roseau », *in Fables*, Jean de La Fontaine, Pocket, 2009, page 35.

Cassant, périssable : ainsi l'idée de fragilité implique-t-elle un rapport au temps, à la durée. Est fragile ce qui ne dure pas. D'autre part, elle renvoie à la notion de poids, de forme : serait plus fragile ce qui est léger, fluet, frêle.

Des exemples

- La vie semble bien frémissante chez le nouveau-né après son passage de l'état intra-utérin, entièrement protégé, au monde extérieur. Pour survivre, le nourrisson, démuni de tout, est totalement dépendant de son entourage. Pourtant, ses capacités vont se développer, l'entraînant vers l'autonomie et le mouvement de la vie.

- Parfois, la vie semble vouloir quitter un corps, avant de le réinvestir subrepticement. Et l'entourage de s'exclamer : « Heureusement, l'appétit de vivre a été plus fort ! »

Bien difficile de s'y retrouver : celui qui semble fragile l'est-il tellement ? Celui qui paraît fort n'a-t-il pas une sensibilité particulière cachée en lui ?

Et qu'en est-il de la notion de fragilité psychique ? Qui est fragile ?

Une incertitude générale sur soi, un mécontentement, une difficulté à vivre parmi les autres, des doutes et des hésitations récurrentes, des baisses d'énergie, des sautes d'humeur, des idées sombres... font partie de nos mouvements psychiques. S'agit-il de manifestations de notre fragilité ?

Chacun met en œuvre une stratégie (un fonctionnement, des attitudes) pour juguler ces mouvements d'âme et les dissimuler au monde extérieur.

Telle personnalité que tous croyaient forte, adaptée, s'est tout à coup fissurée. « Elle a craqué », disons-nous alors. Telle autre ne montre aucun signe de sensibilité, fait preuve d'une assurance à toute épreuve, semble-t-il : est-il fort ou se protège-t-il particulièrement bien ?

Certains d'entre nous sont-ils plus roseaux ? d'autres, chênes ?

Sommes-nous un peu les deux ?

Mais alors, qu'en est-il de la réalité de nos forces ? de nos faiblesses ?

Est-ce que fragile veut dire faible ? prêt à tomber ? qui a besoin de soutien ? Cela signifie-t-il être au bord du déracinement ? être moins résistant aux secousses de la vie ?

Nous verrons qu'il n'en est rien.

Les thérapeutes de la « psyché » de toutes obédiences savent combien l'indétermination, les contradictions, l'ambivalence, les doutes, l'inconstance constituent les mouvements psychiques de l'individu en questionnement existentiel. Pour ces observateurs du monde intérieur, la part de fragilité de chaque personne menant une recherche introspective se révèle au fur et à mesure de l'accomplissement du travail. Elle se dévoile à leurs yeux dans tous ses méandres, toutes ses aspérités, qui expriment aussi sa richesse.

Nous sommes tous fragiles, mais au fond, de quelle part de nous s'agit-il ?

Comment se manifeste, fondamentalement, ce pan de notre être psychique qui recèle nos difficultés d'être et d'agir, nos doutes profonds ?

Qu'est-ce qui nous rend sensibles, rêveurs, mélancoliques, tristes et gais à la fois, fluctuants, timides, insatisfaits, fatigués, longs à faire un deuil, puis euphoriques, enthousiastes, ou bien réactifs à un détail qui prend une importance soudaine, choqués, en rébellion ou soumis ? Qu'est-ce qui nous fait connaître ces états émotionnels l'un après l'autre, et parfois en même temps ?

★ Anne : « Je me sens plutôt bien dans ma vie : je suis indépendante et adaptée, conforme à ce qu'on attend de moi, et contente de l'être. Pourtant, à certains moments, quand un peu de silence se fait en moi, je ressens comme une tristesse, un creux, un sentiment d'insuffisance difficile à décrire. Je me dis que ma part de fragilité est bien cachée, et que lorsqu'elle s'offre à mon regard, je ne parviens pas à la laisser s'exprimer, ni même à la cerner. C'est une part inconnue et qui me fait peur, parce que ce que je ressens dans ces moments-là est loin d'être agréable. »

La fragilité fait peur.

Nous sommes constitués de plusieurs visages. Notre psychisme est un champ ondulatoire de tensions, de conflits, c'est-à-dire de forces contradictoires qui coexistent, s'additionnent ou s'annulent, se cherchent, se perdent dans l'inconscient, se lient entre elles, se délient, cherchent une synthèse du moins, sans toujours y aboutir.

La première de ces contradictions concerne l'opposition entre le masque social et les vécus intérieurs. La plupart du temps, l'individu se contraint à cacher ce qu'il vit réellement pour paraître adapté à son environnement. Aussi la fragilité n'est-elle pas aisée à reconnaître, même en soi, et elle se trouve profondément refoulée par la peur insensée d'être vue.

Tenir un masque devant son visage et jouer la comédie évite le risque de s'exposer aux regards extérieurs.

Je cache ma fragilité

Considérée comme une faiblesse, la manifestation des états d'âme est généralement mal perçue.

Dans le langage courant, la notion de fragilité contient un sens négatif. Les attitudes ou comportements non-conformes aux qualités dominantes de compétitivité et de réussite sociale sont tellement prohibées qu'il faut, pour paraître adapté, se maîtriser et refouler son humanité.

La sensibilité n'est pas toujours accueillie avec bienveillance et peut même être rejetée.

Dans certains milieux sociaux, l'obligation d'être fort, de ne pas montrer de sensibilité, d'assurer un *self-control* dans des situations difficiles écarte de fait ceux qui n'y parviennent pas ; et leurs souffrances s'accentuent à mesure de leur exclusion.

L'exemple de l'armée

S'il est un milieu social où la fragilité n'a guère de place, c'est bien celui de l'armée. Pourtant, les troubles et séquelles psychiques suite à des traumatismes vécus par des soldats sont bien identifiés et répertoriés, soignés maintenant comme tels. L'entraînement à vivre des situations dangereuses est possible, mais réagir face à des chocs réels très violents ne peut s'apprendre. La résonance et l'impact ne sont pas prévisibles. Les réactions post-traumatiques constituent des blessures invisibles, qui laissent des traces indélébiles. Comment continuer ensuite avec cette brèche en soi, que l'on ne connaissait pas jusque-là, et dont on a honte de surcroît ? La présence de psychologues des armées est certes courante et banalisée, mais les soldats fragilisés par un stress insurmontable doivent vivre avant tout avec une image d'eux-mêmes dévalorisée à leurs propres yeux et un sentiment de dépréciation de la part des autres, non-dit mais bien présent.

La prévalence du modèle fort de *self-control* et de maîtrise de soi doublée du dénigrement ou de la méconnaissance totale de la sensibilité provoquent des situations dangereuses. L'être humain s'oublie, n'existe pas pour lui-même, devient inhumain sans s'en rendre compte, absorbant l'énergie vitale d'autrui et méprisant toute émotion. Cela conduit à un renversement des valeurs. La prise de risques personnels et le courage sont remplacés par la déconsidération et le jugement hâtif. La peur est niée, on la remplace par le stress d'une course effrénée.

Les dégâts causés par l'absence d'humanité et de toute sensibilité sont fort bien décrits dans le film *Le Loup de Wall Street* (Martin Scorcese, 2013). Élaboré d'après les mémoires d'un courtier en bourse, il met en scène l'obsession unique d'amasser de l'argent qui entraîne un être humain vers une totale désintégration de lui-même. Le portrait au vitriol de cette déshumanisation fait froid dans le dos, car aucun retour sur soi, aucune rédemption n'y figure. D'un bout à l'autre, on observe ce prédateur ennuyeux et grossier, sans scrupules ni morale, se vautrer dans une existence décharnée, incapable de surmonter les difficultés de la vie sans l'aide de toutes sortes de cachets, drogues et substances diverses. Il ne voit pas qu'il a totalement annihilé son être, sa sensibilité d'humain, les a sacrifiés sur l'autel du totem argent.

Dans le milieu du travail, en général, les manifestations d'émotion, de timidité, de malaise engendrent de la méfiance. Cacher ces mouvements de l'âme pour ne pas déplaire conduit à présenter à l'extérieur une sorte de masque : préparer son personnage social, son apparence, pour être certain que rien de vrai ne transparaîtra. La peur de dévoiler des éléments authentiques de soi, y compris à des proches, signifie à quel point l'image de soi, le reflet que nous renvoie le regard de l'autre sont importants. Cette peur amène à se barricader, s'enfermer dans des attitudes rigides et à se culpabiliser de ressentir une émotion « non-conforme » à cette image.

★ Éric : « Je déteste quand mon supérieur vient se placer derrière moi pour observer où j'en suis sur mon ordinateur, par rapport à un dossier. Il me surveille alors que je ne peux pas voir son visage. Je suis persuadé qu'il me juge négativement. Je me sens extrêmement fragile dans ces moments-là, comme un petit enfant pris sur le fait, coupable. Et surtout, je suis extrêmement angoissé à l'idée qu'il puisse voir mon malaise, et je fais tout pour le cacher au maximum. Je me déteste d'être ainsi aux prises avec des émotions que je ne comprends pas et qui n'ont pas lieu d'être. »

Lorsqu'il est dans cette situation, Éric est en connexion avec un malaise ancien, sous-jacent, qu'il a de plus en plus de mal à se cacher. Ce qu'il ressent prend sa source dans des vécus de l'enfance et est alimenté par la culpabilité, un sentiment constitutif de la fragilité humaine. Il convient de noter dans cette scène qu'elle se joue à deux : quelle est la sourde motivation de celui qui se place ainsi derrière, debout, en « surveillance » ? Pour lui aussi, une scène ancienne, primitive, se rejoue, les deux inconscients étant attirés l'un par l'autre, pour reprendre chacun son rôle.

Dominent alors la peur du regard de l'autre sur ce qui est considéré comme une faiblesse, la peur d'être jugé pour un mal-être qui n'a pas sa place en son lieu de travail.

On ne croit pas possible d'accepter en soi cette émotion, de l'accueillir non comme quelque chose d'anormal, mais comme un signal éloquent, d'en chercher le sens.

Donc je suis fragile en secret

La fragilité se vit en secret. Il n'est pas question de proclamer haut et fort *« Attention fragile ! »*, comme sur les cartons de déménagement. Personne ne se déclare ouvertement fragile.

Nous apprenons à cacher ce que nous considérons comme des failles dans notre personnalité, afin de paraître décontractés, à l'aise, « bien dans notre peau ». Celui ou celle qui ne se sent pas porteur de ces qualités « indispensables » pour paraître en société ne le montre pas. Soit il/elle reste dans l'ombre le plus possible, soit il/elle invente un grand nombre de stratagèmes parfois contraignants pour que « cela ne se voie pas ».

La sensibilité se dissimule comme quelque chose de honteux ou comme une infirmité, une différence généralement non-assumée.

Elle supporte maladroitement l'exposition à la lumière, dans laquelle elle se sent comme un papillon de nuit ébloui !

Héroïne de la pièce de théâtre *La Ménagerie de verre*, de Tennessee Williams, Laura symbolise la difficulté de passer de l'enfance à l'âge adulte et à la féminité. L'adolescente est restée une enfant tourmentée, « introvertie et complexée, [...] qui continue d'espérer l'amour d'un père absent », d'une fragilité que l'on devine extrême. Elle vit cloîtrée, en dépit des vœux et sermons de sa mère, qui voudrait la voir épouser « quelqu'un capable de prendre soin d'elle ». Sauvage, un peu « différente », heurtée autrefois par une réalité difficile, Laura a simplement besoin de cette solitude pour se protéger, et rester dans son imaginaire. Elle s'occupe de petits animaux de verre dont la beauté étrange et gracile reflète sa propre sensibilité. Son sentiment d'insécurité en présence d'autrui l'amène à fuir, non pas l'humanité, mais les contacts blessants auxquels elle a eu affaire jusque-là. C'est alors qu'apparaît dans son univers un jeune homme, ami de son frère, que la mère essaie maladroitement d'entortiller dans un rôle de potentiel mari pour sa fille. Laura, sentant que ce jeune homme est touché par ce qu'elle est, qu'il semble comprendre et respecter sa différence, sa fragilité, ouvre son cœur malgré ses résistances. Voyant le feu qu'il a réveillé en elle, le jeune homme s'empresse de lui révéler qu'il est déjà fiancé. L'espoir et la lumière nés en elle s'éteignent aussitôt, laissant place au désespoir, à la solitude.

> “La flamme sacrée qui brillait dans les yeux de Laura a été soufflée comme par un coup de vent, ne laissant qu'une expression d'infinie désolation.[1]

Par besoin de nous protéger, nous tenons notre part fragile ainsi que notre mal-être, nos malaises au secret, bien au fond de nous. Nous apprenons dès l'enfance à négocier avec nous-mêmes pour masquer ce qu'il ne paraît pas opportun

1. *La Ménagerie de verre*, Tennessee Williams, éditions 10/18, 1995, page 131.

de montrer, afin de paraître forts, performants, en forme, adaptés… et pour ne pas nous laisser envahir et submerger par des émotions paralysantes.

Lorsque la part fragile se manifeste, s'extériorise, elle offre à voir des signes de sensibilité, d'instabilité émotionnelle, des fluctuations d'humeur, des doutes, des hésitations, des difficultés à surmonter les épreuves, à prendre des décisions. Tout cela représentant pour beaucoup de personnes des marques de faiblesse, sources de méfiance, d'interrogation, d'incompréhension.

★ Xavier : « Je me dois de présenter à ma famille une image d'homme fort, qui assure la sécurité matérielle et affective des siens. À côté de cela, je me sens parfois comme un petit garçon, incapable de prendre une décision, et je m'en remets totalement à ma femme pour tout ce qui a trait aux choix de vacances, d'activités pour les enfants, de voyages, etc. Tout ce qui ne concerne pas le travail, comme si j'avais été programmé pour cela uniquement, comme si je ne savais pas être inventif, créatif par ailleurs. Cela génère frustration et angoisse, car je sens un vide en moi quand ma femme me sollicite pour donner mon avis ou quand elle me reproche de ne pas prendre d'initiative pour notre vie. Je ne sais pas le faire, c'est tout. Alors qu'à mon travail, je n'ai aucun problème pour être parfaitement autonome. »
Le travail offre une structure rassurante pour Xavier, qui peut s'épanouir dans ce cadre. En revanche, quand il est question de prises de position personnelles, un manque se fait sentir, une panne, un vide angoissant. Ainsi la part fragile de Xavier pourrait-elle passer inaperçue si elle n'était perceptible dans sa sphère privée, visible de son entourage proche.

Le masque sert à rassurer, à s'adapter en apparence.

Savoir ce qui se trouve derrière lorsqu'on l'enlève peut être hautement angoissant : que vais-je montrer de moi ? Qu'est-ce que les autres vont en penser ? Comment vont-ils réagir ? Vont-ils encore m'aimer ?

Et moi-même, est-ce que je sais ce qu'il y a en moi ? Est-ce que je vais aimer ce que je vais découvrir ?

Tout cela fait très peur.

Pour certains, la part fragile est visible. Pour d'autres, elle est enfermée au secret. Pour d'autres encore, elle est carrément méconnue, insoupçonnée.

Parfois, on sait qu'elle existe, on la soupçonne, et comme on ne la laisse pas s'exprimer, elle reste dans l'ombre, indéterminée. Mais on sait, dans son intime, combien on n'est pas soi-même face aux autres.

Les signes de ma fragilité

Je suis instable émotionnellement

Vous ne savez pas pourquoi, vous vous levez en mauvaise forme, et toute la journée est maussade. Ou alors, un rien vous met de bonne humeur, tandis qu'un autre vous met le moral à terre. Et ça ne passe pas si facilement.

Vous êtes sensible et touché, plus qu'il ne faudrait peut-être, plus que d'autres, semble-t-il, par des événements que vous ne parvenez pas à digérer, par un mot ou une phrase qui vous tourmente et que vous ressassez.

Les vécus du présent et du passé s'associent émotionnellement de manière souterraine et les émotions s'additionnent, provoquant des perturbations où on ne s'y attend pas !

Rien ne glisse à la surface. Passé et présent, pour la vie intérieure, vibrent ensemble. Le psychisme est constitué de strates successives comparables aux couches géologiques de la terre : aucune roche ne disparaît, l'ancienne est toujours là, vestige du passé.

Une émotion peut avoir de fortes répercussions pour peu qu'elle entre en contact, par résonance, avec des douleurs anciennes, des blessures d'autrefois. La souffrance est alors réactivée, amplifiée.

Vous pouvez rester fixé à un épisode que vous ne parvenez pas à dépasser, même si votre entourage estime qu'« il serait temps de passer à autre chose ». L'incident ou l'accident est venu directement toucher une zone sensible, une souffrance archaïque. Guérir de cet événement anodin et bénin vu de l'extérieur prend alors du temps, car une cicatrice impossible à panser seul vient d'être rouverte, entraînant tristesse et longueur de deuil.

★ Sandra : « J'ai fait une fausse couche à quelques semaines de grossesse. Ceci ne semblait pas bien grave, au fond, et je n'ai aucune séquelle. Mais de façon incompréhensible, une grande tristesse ne me quitte plus depuis. Je me sens désemparée, je n'ai plus goût à rien. J'ai eu une enfance très difficile, et des bribes de souvenirs me reviennent régulièrement. De plus, je suis très heureuse dans ma vie de couple, et je crois qu'inconsciemment, j'ai peur, avec un enfant, de rompre ce bel équilibre que je n'avais jamais connu jusqu'à présent. »
Les différentes strates des vécus de Sandra, réactivés suite à sa fausse couche, permettent de comprendre quelles peurs sont à l'œuvre : le psychisme a besoin d'un temps de travail de deuil pour continuer son évolution ; et Sandra, d'être rassurée sur sa capacité à accueillir un enfant dans son nouveau contexte de vie.

En tant qu'êtres sensibles, interfaces entre un intérieur et un extérieur, recevant et émettant des messages par nos sens, nous sommes imprégnés de relationnel, comme des éponges.

Ces émanations émotionnelles venues de l'extérieur ont des impacts forts.

Pour certaines sensibilités exacerbées, il n'y a jamais de tranquillité, d'eau calme, mais des phases d'euphorie et de déprime, alternant dans une même journée, d'un instant à l'autre parfois. Une variation nommée « l'ascenseur émotionnel ». Ces modifications d'humeur et de rythme mettent à mal notre stabilité. Une tâche accomplie, un retour positif pour un travail bien fait, un échange intéressant, au cours duquel on s'est senti pleinement soi : c'est l'épanouissement, la joie, le bien-être. Dans les minutes qui suivent, une nouvelle désagréable, un espoir déçu, un refus, un mot négatif sur un de nos choix, et nous voilà déprimés, tristes ou en colère, stressés. Les fluctuations émotionnelles peuvent être d'une telle amplitude que l'on peine à discerner une cohérence dans ce chaos.

Notre sensibilité procède d'une profonde interaction avec notre entourage, de nos liens avec l'extérieur et aussi du contact avec nos sensations intérieures.

Nos états psychiques reposent sur du sable mouvant. Les instables émotionnels regardent avec curiosité ou agacement, parfois admiration, ceux, si différents, qui ne se montrent pas envahis, en apparence, par les émotions et maintiennent une grande constance dans leur humeur.

Je ne me sens pas comme les autres

Vous vous êtes fait cette réflexion un million de fois : vous n'avez pas les mêmes idées, vous ne réagissez pas de la même façon, vous n'aimez pas les mêmes choses que... les autres ! Vous ne vous sentez pas en adéquation avec eux, vous vous sentez parfois totalement étranger à l'ambiance ! Mais, au fait, qui sont ces « autres » ?

C'est la grande énigme humaine : qui sont les autres ? que suis-je, moi, face aux autres ? comment les autres me voient-ils, eux ? que disent-ils de moi ? que ressentent-ils ? Voilà des questions auxquelles nous ne savons répondre.

Qu'est-ce que l'un nomme « les autres » ? Une entité fourre-tout dans laquelle chacun place une partie de ses frustrations ou de ses croyances.

« Pour les autres, tout a l'air tellement plus simple ! »

Nous oublions que chacun fait partie des « autres » pour quelqu'un ! Notre vision égocentrique nous fait oublier de relativiser.

Beaucoup s'imaginent qu'en effet, « c'est plus facile pour les autres ». Ce qui est totalement faux, bien entendu.

Ce décalage provient de ce que nous ne voyons de l'autre que l'extérieur, la façade : or, c'est intérieurement que nous sommes en prise directe avec les doutes, que les tergiversations sont perceptibles. Seule l'image extérieure de l'autre nous est visible. Pas son intériorité.

Sans compter que nous avons l'habitude de projeter sur autrui nos désirs, nos attentes, nos peurs, notre imaginaire. Comment dès lors le considérer dans sa réalité ?

Source d'interrogation, de méfiance, l'autre est un étranger, et le restera sans doute.

Ainsi, un jour de noirceur pesante, qui n'a pas ressenti ce déphasage avec la légèreté ou la connivence des fameux « autres » au cours d'une soirée, d'un dîner ?

Qui alors ne s'est pas senti gauche, envahi de timidité, isolé, tel le vilain petit canard au pays des cygnes, et ramené à la puissance exaspérante du sentiment de solitude ?

★ Paul : « Je n'aime pas me retrouver dans une soirée où je ne connais personne, j'ai l'impression que tout le monde est à l'aise, sauf moi. Je ne m'adresse pas facilement aux autres. Lorsque je rencontre quelqu'un de seul aussi et que j'arrive à l'aborder, là, une discussion à deux, ça va. Je ne m'arrête plus, même. »
« Les autres » sont une entité vaste et dangereuse dans laquelle Paul ne se reconnaît pas. La recherche du miroir, de l'altérité, rassure Paul. En cet autre-là, qui accepte de partager avec lui une discussion, Paul peut trouver des repères, comme s'il s'agissait d'un double.

Pourtant, le rapport à autrui nous façonne, et c'est bien parce que nous existons pour un autre que nous prenons conscience de notre « je » et affinons sa construction au fur et à mesure de notre existence. « Je » n'existe que parce qu'il y a un « tu ». C'est par la conscience qu'il existe un autre et que cet autre dit également « je » que l'enfant se sent exister parmi d'autres et décentre son point de vue de lui-même. C'est alors qu'il crée une enveloppe de protection invisible mais réelle, qui signifie un intérieur (le moi) et un extérieur (le non-moi). Le non-moi est constitué d'autres moi. Et pour ces autres moi, mon moi fait partie du non-moi.

La conscientisation de l'existence de cet autre amène son cortège de questionnements et oblige à adopter un positionnement : qu'est-ce que je vais faire de cet autre ? l'utiliser ? le soumettre ? lui plaire ? chercher son approbation ? me soumettre ? traiter avec lui d'égal à égal ?

Nous ne sommes pas sereins dans notre rapport aux autres lorsque nous sommes prisonniers de cette quête, la plupart du temps muette : celle de l'amour, du regard, de l'intérêt dont on se sent toujours dépourvu, entraînant des frustrations silencieuses.

Plaire pour panser une plaie narcissique toujours ouverte aboutit à ne se sentir jamais assez aimé, entouré, apprécié. Cela entraîne la mise en doute de tout : de ses propres qualités et des signes d'affection reçus.

Il existe un décalage entre les attentes et la réalité. Or la déception prive de ressort toute relation humaine.

Cette béance en soi isole également. La peur du regard des autres, du jugement, peut clouer sur place. La difficulté d'agir, l'empêchement d'être sont des vecteurs d'angoisse. L'extérieur est vécu comme un censeur qui interdit d'exister, qui oblige, qui contraint à être un(e) autre.

« "Je" est un autre », écrit Arthur Rimbaud à son ancien professeur, auquel il tente d'expliquer sa nouvelle vie.[1]

« Je » n'est pas où les autres croient le trouver, « je » n'est pas ce qu'il montre de lui, ni ce qu'il a appris à dire ou à ne

1. *Œuvres*, Arthur Rimbaud, éditions Pocket, collection Classiques, 2010, page 313.

pas dire. « Je » ne se définit pas aisément, ne se réduit pas, ne se simplifie pas.

Ne pas se sentir fiable, ni digne de la confiance des autres ou, à l'inverse, penser que les autres ne sont pas fiables, contrairement à soi ; ne pas oser, être en retrait de sa propre trajectoire, sur un chemin inoccupé, déserté par soi-même : le sentiment d'exister parmi les autres souffre de mille maux possibles !

Nous risquons alors de nous laisser dominer par « plus fort » en apparence, envahir par une personnalité rassurante qui représentera un socle de solidité, d'ancrage.

Le second risque consiste à se gommer, à s'inhiber par crainte de déplaire, par peur du conflit, du rejet, du désamour, de l'exclusion.

Le poids du social et de l'apparence, motivé par la peur de déplaire, est une source de grande angoisse existentielle : qui suis-je *réellement* ? Comment faire l'apprentissage de la connaissance de soi-même lorsqu'on a appris à taire tout ou partie de ses sentiments, affects, peurs, joies ? Lorsque, afin de créer les conditions optimales pour être aimé, regardé, considéré, ou par crainte d'être rejeté, négligé, on s'est conditionné depuis l'enfance à se rendre transparent, aimable, à ne pas « poser de problèmes » ?

Sortir de l'effacement où nous rejette le désintéressement vrai ou supposé d'autrui est une grande bataille humaine ; la crainte de ne pas exister aux yeux d'autrui, une grande angoisse ; l'absence de regard sur soi constitue la pire des humiliations.

“ L'enfer, c'est les autres.[1]

Cette phrase est devenue célèbre parce qu'elle parle de notre rapport fondamental à l'autre. Elle traduit ce que nous

1. *Huis Clos*, Jean-Paul Sartre, éditions Gallimard, collection Folio, 2000, page 92.

ressentons tous un jour : ce qui nous rend insatisfaits, c'est le rapport à l'autre quand celui-ci est négatif, inamical, désaccordé. Dans notre quête du regard positif de l'autre, il existe des ratés : ceux-là nous rendent malheureux.

L'autre est un miroir. Et quand, dans ce miroir, nous voyons quelque chose de désagréable, nous l'acceptons difficilement.

Car ce jugement négatif, nous le prenons à notre compte. Même si nous semblons le rejeter, en fait, il nous touche, il nous atteint : et si c'était vrai ? Et si nous n'étions pas aussi bons que nous le pensions ? Et si l'autre avait raison ? Notre idéal de nous-mêmes est écorné. Face à cela, chacun possède ses moyens de défense.

Le rapport à l'autre est aussi la recherche ou l'illusion de détenir un pouvoir sur lui. Accepter de ne jamais savoir ce qu'autrui pense ne s'acquiert qu'avec la sagesse du temps. La confrontation à l'autre est une lutte de domination dans laquelle chacun croit détenir les clefs de la relation.

Et quel vide par moment !

Vous ressentez parfois une sorte de lassitude, de peine à vivre. Plus grand-chose ne vous intéresse, et vous cherchez du sens à tout cela… Ce sentiment de vide intérieur vous est vraiment pénible, vous éprouvez l'aspect absurde et vain de la vie. Dans ces moments-là, vous êtes sans énergie, démotivé !

Quand nous ne trouvons pas écho à nos questionnements sur le sens de la vie et que la lutte entre le désir de vie et la conscience de l'éphémère est fatigante, quand nous ne parvenons plus à mettre des projets de vie en perspective, là, oui, on se dit que l'on se torture et que l'on n'en peut plus de se torturer !

Et en face de nous, autour de nous, parfois la réponse est… un grand silence !

À force d'insister sur ces questions, il nous vient même la sensation vertigineuse que tout est dérisoire. Pas très constructif…

Le spectacle du monde auquel nous assistons au quotidien amplifie ce sentiment de non-sens, de fatalité, d'incompréhension.

“Le sentiment de l'absurdité au détour de n'importe quelle rue peut frapper à la face de n'importe quel homme.[1]

Le sentiment de l'absurde déconstruit et conduit à la dépression : comment supporter l'idée que rien n'a de sens ?

L'être en recherche de sens place sa quête au centre de sa vie : questions sur la direction à prendre, désir de repères tangibles pour ne plus subir les vagues, les flux et reflux incessants du doute existentiel… L'être navigue sur un « bateau ivre ».

Il guette, avide de trouver un sens.

Parfois, il voit le gouffre devant ses pieds. C'est la peur du néant, source d'angoisses.

Ce vide qui fait si peur est un abîme sans aspérités, dans lequel l'homme tombe : c'est l'angoisse de la page blanche, de l'action à mener, de la décision à prendre… Et cela se traduit aussi, pour certaines personnes, par des phobies appliquées à des situations bien réelles et concrètes : l'avion, l'ascenseur, l'eau, etc.

L'expérience de l'absurdité de la vie est parfois peu supportable.

Elle peut faire craindre la descente aux enfers de la dépression. En tout cas, sans toujours tomber dans cette dernière, les

1. *Le Mythe de Sisyphe*, Albert Camus, éditions Gallimard, collection Folio Essais, 2009, page 26.

phases de tristesse ou de nostalgie témoignent de la s… d'être, de la douleur d'être confronté à un monde indifférenci… dont nous sommes issus.

★ Noémie : « À certains moments, je connais une sensation de grand vide, de déprime, avec l'horrible sensation que tout est vain, dérisoire, inutile, presque jusqu'au vertige. Pour échapper à cette spirale qui me happe, soit je reprends pied grâce à l'extérieur, à ma vie d'aujourd'hui, mon entourage, mes activités, soit je médite sur un plan spirituel. Plus exactement, je me concentre sur ces deux plans à la fois. Et puis cela passe. Le sentiment de "plein" revient. »

Le moi est soumis à des influences qui lui laissent peu de marge de manœuvre. Ainsi est-il à la fois en lui-même, branché sur ses peurs, ses désirs, ses anxiétés et en même temps toutes antennes déployées, pour capter les ondes du monde extérieur.

Entre les deux, il y a parfois peu de place. Et dans les périodes de vague à l'âme, le moi est réduit à se battre à la fois contre son intériorité chargée d'angoisses et l'environnement peuplé d'incertitudes.

Je ne sais pas toujours bien qui je suis ni où je vais

Vous vous sentez incertain, vous changez d'avis, parfois vous n'avez pas d'avis, vous n'êtes sûr de rien. Vous ne vivez pas vraiment la vie que vous auriez voulue, vous avez pris certaines décisions poussé par les événements, vous sentez que vous jouez un rôle la plupart du temps… ou bien vous ignorez si vous êtes sur le bon chemin, vous vous demandez si vous n'auriez pas dû faire autre chose, autrement, ailleurs !

Cela peut être difficile de se définir. Qui suis-je ? Voilà une vaste question. Il n'est pas si facile d'y répondre. D'ailleurs, essayez pour voir !

Le sentiment de l'identité peut vaciller, mis à mal par la vie ou par l'enfance, en constante évolution, en régression parfois.

Dans ses profondeurs, l'identité est aux prises avec les doutes.

Nous savons, depuis les fondateurs de la psychanalyse, qu'une partie de notre vie psychique nous est inconnue car plongée dans l'inconscient. Comment savoir vraiment, dans ce cas, *qui* l'on est ?

Nous parlons ici de l'identité d'être, de celle qui nous fait prendre la parole en disant : « Je »… De celle qui nous rend à peu près constants, cohérents. Mais justement, que signifient certaines actions qui ne semblent pas venir de nous, certains choix qui nous paraissent totalement incongrus par rapport à notre parcours d'ensemble ? Pourquoi nous trompons-nous parfois à ce point, ou pourquoi n'avons-nous pas les résultats attendus alors que nous avions choisi ce qui semblait être le meilleur pour nous ? Pourquoi répétons-nous inlassablement un scénario de vie bien connu, alors que nous n'en voulions plus ?

D'un côté, le vertige des questionnements identitaires : de quoi suis-je fait ? quand suis-je moi, quand suis-je un personnage ? est-ce que je joue toujours un rôle ? suis-je parfois *vraiment moi* ? et qu'est-ce que ce « vraiment moi » ? d'où vient-il ? est-ce que je suis moi quand je suis en colère, que je ne me laisse pas faire ? ou quand je suis conciliant ?

Est-ce que je me sens authentique ?

De l'autre côté se posent les interrogations sur l'image que nous renvoie l'extérieur : pourquoi dit-on telle chose de moi, qu'est-ce qui sort de moi sans que je le contrôle, sans même que je m'en aperçoive ?

À ce sujet, nous prenons parfois nos désirs pour des réalités – ce fameux principe de réalité, si difficile à accepter, opposé au principe de plaisir. Pourquoi ne voulons-nous pas considérer ce qui nous apparaît comme la « vérité » ? Sommes-nous tellement dans notre monde intérieur, « dans notre tête », que nous en perdons de vue l'extérieur ?

Comme chacun projette beaucoup, il est difficile de distinguer le vrai de l'illusion.

Dans un de ses dialogues, appelé *La République*, Platon, au IVe siècle avant Jésus Christ, invente la célèbre allégorie de la caverne. Il imagine que les hommes ne peuvent accéder à la connaissance car, prisonniers au fond d'une grotte, ils ne voient pas directement la clarté et le réel, mais seulement des ombres projetées sur les parois, seul rapport qu'ils ont au monde sensible.

> « Et d'abord, penses-tu que, dans cette situation, ils aient jamais vu autre chose d'eux-mêmes et leurs voisins que les ombres projetées par le feu sur la paroi de la caverne qui leur fait face ?[1]

Sortis de cette situation, les hommes commencent par être éblouis, ils souffrent beaucoup, avant de s'accoutumer et goûter les délices de la connaissance et de la liberté.
On pourrait reprendre exactement cette métaphore pour parler de la connaissance de soi. Tant que nous n'accédons pas, par un long chemin, difficile, exigeant de la persévérance, à notre ombre intérieure, nous ne voyons que les projections de notre idée du monde.

Cette subjectivité dont nous parlons est reliée à notre vécu. Nous sommes ce que nous avons fait de notre histoire, et ce que cette dernière a fait de nous.

Mais justement, qu'avons-nous fait ? et quelle est notre histoire ? Nous devons parfois assumer un passé difficile, payant notre tribut de souffrance pour quelque chose que nous n'avons pas choisi.

1. *La République*, Platon, éditions Garnier Flammarion, 1966, page 273.

Le « faux-self »

L'identité a parfois été dépossédée d'elle-même par des identifications ou par l'instauration de ce qui est appelé un « faux-self » par Donald Woods Winnicott, psychanalyste anglais (1896-1971). Ce faux-self est une apparence d'identité, basée sur les obligations sociales et morales, institué dans un effort pressant d'adaptation à l'environnement. Ce faux-self permet de protéger l'identité propre, fragile, qui de ce fait est moins exposée. Quand le faux-self fait trop illusion et n'apparaît pas à la conscience du moi, la dissociation entre le faux et le vrai grandit. L'identité demeure cachée, jamais exprimée, sclérosée.

Se sentir incertain, ne pas s'affirmer, douter de tout, fuir devant les responsabilités sont autant de signes d'un flou identitaire.

Cette incertitude de soi apporte un sentiment de mal-être, d'inconsistance, de manque de repères et la douloureuse constatation de ne pas vivre pleinement, de ne pas s'accomplir. Elle engendre aussi l'impression de n'avoir pas de prise réelle sur son existence, de n'avoir pas vraiment fait de choix personnel, de se laisser aller « comme un bouchon sur l'eau », sans bien tenir le gouvernail de sa vie, vacillant, frêle esquif sur l'océan !

Ce constat difficile doit être suivi d'un travail thérapeutique de reconstruction, à défaut duquel le risque de décompenser est important.

★ Christophe : « Je me suis noyé dans une vie qui ne me convenait plus. Je me suis senti prisonnier de cette existence, comme si ce n'était pas moi qui l'avais choisie, comme si je devenais un autre, comme si je ne pouvais plus assumer mes anciens choix. Tout se passait sans moi, et j'avais la douloureuse impression d'être seul, que personne ne me connaissait. J'étais ailleurs, tout en étant présent physiquement. Ne sachant pas me retrouver moi-même, je me réfugiais dans les addictions, qui me procuraient l'illusion de remplir mon vide intérieur... jusqu'au jour où, en me contemplant, je me suis jugé indigne de faire de ma vie ce désastre. Et j'ai décidé de me reprendre en main. »

C'est le parcours de toute vie autonome que d'être conduit à faire ses propres choix, à reconsidérer ceux qui ont été faits auparavant. Dans une évolution personnelle, des changements se produisent, des moments de vie plus denses succèdent à des pauses, l'itinéraire se crée dans le mouvement des décisions, des routes à prendre. Une vie se pense.

> Un autre exemple d'identité difficile à construire est illustré dans le film de Guillaume Gallienne, *Les Garçons et Guillaume : À table !* Guillaume, réalisateur et personnage principal du film, y raconte sa propre histoire. Une forte identification à sa mère, à laquelle il ressemble et qu'il imite à merveille, lui cause un trouble particulier et engendre le sentiment d'être à part, comme le titre du film l'indique. Sa mère le distingue de ses frères, de son père ; elle l'assimile tellement à elle qu'elle ne le voit pas comme un garçon. Il y a les garçons et le père d'un côté – avec lesquels Guillaume semble entretenir des relations très lointaines –, et Guillaume d'un autre. Qui est-il, alors ? un presque-fille ? un garçon homosexuel ? un être ni garçon ni fille ? un double de sa mère ? autre chose ? Guillaume Gallienne filme le trouble identitaire, la recherche de lui-même, à travers notamment la construction de sa sexualité. Toute solution envisagée le sépare de sa mère, étape incontournable. Son choix de vie imposera à celle-ci une réalité qu'elle n'a pas envie de voir, une représentation différente de celle qu'elle se fait encore de son fils. Que lui-même joue à la fois son propre rôle et celui de sa mère accentue la confusion du spectateur.

La quête d'identité passe par l'autre. D'abord les autres très proches, ceux de la sphère familiale : qui suis-je pour eux ? Comment me voient-ils ? Quelles étiquettes me plaquent-ils ? Quels désirs inconscients projettent-ils sur moi ?

Puis l'identité continue sa construction dans des sphères plus larges, où elle est à nouveau interrogée : qu'est-ce que je vois de moi dans les regards ? Qu'est-ce que j'entends dire de moi ? Quelles sont les réactions face à ma présence ? Qui ai-je comme modèles ? Qu'est-ce que je vois de moi chez les autres ?

Je ne me sens pas à ma place

Vous ne vous sentez pas légitime, vous avez toujours l'impression que les autres feraient beaucoup mieux, vous ne vous pensez pas reconnu, vous ne vous reconnaissez pas vous-même à votre propre valeur, vous vous sentez décalé, inadapté, déclassé dans votre environnement (vous n'avez pas l'impression d'avoir les mêmes codes sociaux). Vous souffrez du sentiment d'exclusion...

Ce sentiment de n'avoir pas de place est très encombrant. Très tenace aussi parfois.

L'apprentissage par le modèle à suivre, au détriment de la créativité et de la recherche personnelle, rend perpétuellement mécontent. La dépréciation de soi fragilise : on se croit toujours mauvais, incompétent, pas à la hauteur, même si on obtient de bons résultats, même si les diplômes acquis pourraient constituer une preuve, même si les succès s'accumulent. Se dégage l'impression d'avoir toujours plus à prouver, de n'avoir jamais bien fait ni assez fait, d'être illégitime quels que soient le vécu, l'expérience, le savoir-faire, la compétence.

★ Ellen : « J'ai travaillé comme une forcenée dans une entreprise où j'occupais un poste source de gros stress. La pression était telle que je ne me rendais plus compte de ce que je vivais. Plus j'accumulais horaires et résultats, plus j'étais insatisfaite. Lorsqu'une mission était réussie, je n'avais pas le temps de m'en réjouir : je pensais aussitôt à tous les dossiers qui m'attendaient, et le stress recommençait. Je me sentais incompétente et pas à la hauteur, avec un sentiment constant d'illégitimité alors que, sur le papier, tout était parfait. »

De cette dissociation entre le réel et le sentiment du réel naît un trouble : le « sentiment d'imposture », c'est-à-dire la sensation de n'être pas à la bonne place, d'usurper un titre, de n'avoir pas les qualités nécessaires pour « mériter » ce que l'on vit. Ce sentiment peut être ravageur, amenant à se rabaisser, à se sentir en sursis, coupable de surcroît. Coupable de ne pas être à la hauteur. Comme si quelqu'un d'autre était plus légitime que nous à occuper notre place dans le monde, et que nous venions toujours lui voler cette place.

La conscience de soi est floue ; à l'inverse, la case à occuper possède des contours rigides, prédéterminés. Vient la pénible impression que le moi ne saura jamais entrer dans ce cadre fixe tellement il est oscillant, bousculé, incertain, mouvant, indéfini.

Pourtant, la volonté de s'y intégrer sera toujours fortement pressante. Certains ont l'impression tenace que pour y parvenir, il leur manque les bons codes de la vie, de l'insertion sociale, du bien-faire, du bien-dire.

« Il y avait comme un fossé entre ta représentation confuse mais intime de toi-même et celle de l'être qu'il aurait fallu être (imaginais-tu vaguement) pour occuper légitimement cette case.[1]

Une culpabilité diffuse, dont la cause échappe au conscient, amène à douter : « Est-ce que j'ai le droit d'être là ? », « Je ne sais pas si j'ai bien fait », « Je n'aurais pas dû ». De ce rapport à soi difficile naissent des envies d'autoprotection.

1. *Le Sentiment d'imposture*, Belinda Cannone, éditions Calmann-Lévy, 2005, pages 15-16.

La mobilité sociale

Dans une société individualiste, où chacun se construit comme un être unique, indépendant, autonome, la mobilité engendre et exacerbe le sentiment de décalage social. Les places n'étant pas immuables, chacun doit trouver la sienne, mais les déplacements au sein des groupes nous fragilisent énormément.

Cette liberté nouvelle, qui est celle de se construire hors des carcans de classe sociale, amène un lot de contradictions et de difficultés à vivre.

Ces conflits s'intériorisent et peuvent donner lieu à ce que le sociologue Vincent de Gaulejac a nommé « la névrose de classe » (Vincent de Gaulejac, *La Névrose de classe*, Hommes et Groupes Éditeurs, mai 2014). La contradiction entre le milieu modeste et/ou d'une autre culture dont on est issu et la classe sociale bourgeoise ou intellectuelle à laquelle on parvient par les études, l'alliance et/ou la profession reste imprimée, parfois douloureusement.

Les autres sont tellement mieux que moi

Vous vous comparez toujours à quelqu'un à qui vous trouvez des qualités que vous n'avez pas. Vous vous dévalorisez souvent, vous pensez que les autres réussissent, s'en sortent, vont bien… Vous êtes parfois miné par le sentiment d'être mauvais, nul, faible. Vous vous dépréciez un peu trop souvent !

Cette dévalorisation s'accompagne d'une mésestime de soi et coupe les ailes.

Tout le monde ne se sent pas en phase, à l'évidence, avec le portrait-robot de l'individu parfait, en pleine possession de sa réussite sociale et personnelle.

Croire en cette image augmente à coup sûr la culpabilité due à ce déphasage : celle de ne pas toujours se sentir au « top de sa forme », de ne pas être devenu le manager brillantissime d'une entreprise florissante, de ne pas « gérer » sa vie comme il le faudrait.

La présentation embellie des qualités indispensables pour réussir sa vie imprègne nos sources d'information, et pourtant se situe aux antipodes de ce que chacun vit. Pour l'égaler, il faudrait contrôler ses émotions, être efficace, performant, adapté, avoir plein d'amis, des diplômes, une sexualité épanouie, des enfants formidables, former un couple harmonieux, faire carrière et s'épanouir enfin dans le domaine qui nous « correspond » depuis toujours... Autrement dit, l'adéquation parfaite entre soi et le monde extérieur, la description d'un univers idyllique.

La quête de perfection nous extrait du réel. Cet idéal, qui ne coïncide pas avec les réalités à vivre, fait partie des croyances et crée une illusion devant laquelle beaucoup se sentent inférieurs, imparfaits, s'imaginant que tous les autres accèdent à ce bonheur en carton-pâte, sauf eux !

La plupart des individus a besoin, pour rêver, de cette image lisse et sans douleur. Croire que cela existe permet d'espérer y parvenir un jour.

Même notre corps est poussé à être sportif, sans maladies, toujours jeune, mince, bien sûr. Pourtant, notre idéal collectif du corps et de la santé est incarné par des êtres faméliques, identiques les uns aux autres, défilant de manière uniforme et sans joie. Les rituels des défilés de mode – les mannequins aux corps semblablement désincarnés, aux joues creuses et pâles, aux regards vides – nous en apprennent beaucoup sur nos symboles en difficulté existentielle !

L'idéal de perfection entraîne une uniformisation dans l'éducation des enfants, comme s'ils n'étaient pas par nature des êtres en développement, donc en capacité d'évolution et de régression, dotés d'une force créatrice. Au lieu de quoi l'éducation d'un enfant se résume trop souvent à sa scolarité, qui se doit d'être parfaitement étale, au meilleur rendement possible d'un bout à l'autre.

Ces exigences inatteignables, auxquelles certains sont soumis depuis l'enfance, supposent de grandes souffrances intérieures, muettes ou éclatant au grand jour sans avertissement !

★ Marc : « J'ai été élevé par des parents exigeants, auxquels j'ai donné toute satisfaction : parcours classique et merveilleux de celui qui se doit d'être parfait en toutes circonstances et dans tous les domaines. Personne n'a jamais su quel prix j'ai payé pour cela, car je muselais très bien mes émotions. Jusqu'au jour où, sans même me rendre compte que je n'en pouvais plus, j'ai craqué et me suis retrouvé en séjour psychiatrique pour une décompensation suite à un burn-out que je n'avais pas vu venir. Ma reconstruction suite à ce "dérapage" m'a amené à reconsidérer entièrement ma vie. »

Le prix à payer pour correspondre à des exigences surhumaines est une contribution à la non-vie : pas d'enfance insouciante et libre, peu de jeux, peu de joie, le plaisir aboli ou presque.

L'idéal de perfection est tellement valorisé et a été si bien intégré parfois que le sentiment d'exister ne passe que par la quête de la satisfaction dans le regard de l'autre. Se confondre avec cet idéal inaccessible fragilise la construction personnelle.

Vouloir gommer les aspérités et aspirer au lissage de la vie psychique est impossible. Être très adapté ne signifie pas être équilibré. L'état de « vivant » implique un équilibre instable. Une vie psychique plane et ultra-régulière n'est pas le signe de la santé mentale. Celle-ci est faite d'oscillations autour d'un point d'équilibre jamais atteint. Se trouver régulièrement en contact avec nos baisses d'énergie, nos déprimes et nos doutes permet d'entrer en intériorité pour rebondir, nous renouveler, prendre certaines décisions, reconsidérer nos choix. C'est l'indication d'une capacité à se remettre en question, à aiguiser sa force intérieure.

“ À un moment ou à un autre, il nous arrive à tous de tomber en morceaux, et ce n’est pas nécessairement une mauvaise chose.[1]

Je ne parviens pas à prendre de décision

Vous tergiversez, vous retournez la situation dans tous les sens, vous réfléchissez très longtemps, vous prenez la décision, ça y est, c’est sûr, c’est fait, puis vous changez d’avis. Même de petites décisions de la vie quotidienne sont des tortures, vous souffrez, vous angoissez devant un choix à faire, vous pesez le pour et le contre… un peu trop longtemps !

Quel malaise de se sentir entre deux eaux parce qu’une décision doit se prendre et qu’on tergiverse tant que le temps passe sans que l’on y soit parvenu !

La difficulté à agir est le pendant de la *difficulté à être,* deuxième grande composante du mal-être.

Notre présence au monde inclut l’agir. Nous sommes nos actions, et nos actions nous déterminent entièrement aux yeux des autres : quelle responsabilité !

L’individu contemporain, maître de son existence, faisant de sa vie une œuvre, est plombé par le poids de cette lourde charge à l’égard de lui-même. Il ne peut s’abriter derrière aucune excuse, il ne peut plus incriminer la société-carcan, qui l’empêcherait d’être qui il est. Au contraire, tout le pousse à triompher de lui-même.

Il n’existe pas beaucoup d’échappatoires à l’obligation de prendre toutes les initiatives pour sa vie, l’exécution de règles pré-établies n’étant plus de mise, les routes n’étant plus droites et convenues.

1. *La Femme qui tremble, Une histoire de mes nerfs*, Siri Hustvedt, éditions Actes Sud 2010, page 96.

Nous vivons dans une société où « la norme n'est plus fondée sur la culpabilité et la discipline mais sur la responsabilité et l'initiative ».[1]

C'est l'individu souverain dont parle Friedrich Nietzsche.

C'est la liberté de Jean-Paul Sartre : choisir, inventer sa vie, agir...

Que de responsabilités ! Que de pression ! La liberté vertigineuse qui est devant nous nous offre bien peu de sentiment de sécurité. Nous avons pour horizon l'autogestion totale de notre vie, afin de devenir un être souverain, maître de lui-même : que d'angoisses à vivre !

Devant cet océan de possibles, comment être sûr de bien faire naviguer sa barque ? Et avant, comment se procurer une barque ? Une fois cela fait, comment être assuré d'avoir pris la bonne ?

Le nihilisme a été une réponse – une absence de réponse plutôt – de la part de ceux qui, ne voyant aucune lueur dans le monde tel qu'il se présentait à eux, prônaient le désespoir comme seule issue.

Agir est une nécessité, l'individu y est poussé par ses forces de vie mêmes, emmené par son désir de mouvement, de réalisation en ce monde. Il n'est plus retenu par les freins sociaux et comportementaux qui l'asservissaient il n'y a pas si longtemps à un destin préformé.

Changer de carrière, de région, de pays, de conjoint, avoir plusieurs vies en une devient très courant. Le changement devient la norme et entraîne les pathologies de la peur telles que nous les connaissons bien : les états dépressifs, les addictions, l'immobilité ou la compulsion pour compenser les manques et répondre aux exigences de la souveraineté d'être.

1. *La Fatigue d'être soi,* Alain Ehrenberg, éditions Odile Jacob, collection Poches, 2010, page 16.

La liberté, sans apprentissage réel et sans cadre, aboutit au vertige et au risque d'éclatement.

« Les rives sont la grande chance du fleuve, puisque, l'enserrant, elles l'empêchent de devenir marécage.[1]

D'un côté, les peurs, l'incertitude liée au changement ; de l'autre, la nécessité d'agir, d'aller de l'avant.

Dans tous les cas, les peurs sont à vivre !

Certaines décisions sont retardées : difficile parfois de quitter, de se délester, de renoncer.

Nous hésitons, nous ne prenons pas le chemin, nous regrettons ce que nous n'avons pas choisi, nous regardons ce que les autres ont entrepris. Comment être assuré d'être sur la bonne voie ? En tant qu'être imparfait, on se juge brouillon, mal organisé dans sa vie, on ne parvient pas à anticiper. Et le stress augmentant, le temps presse, bouscule.

Viennent alors les ressentiments à l'égard de soi-même : « Je suis bancal, dans l'approximation, toujours sur la tangente. »

Rêver de partir, de « tout plaquer », mais se trouver dans l'incapacité d'agir, de prendre une décision… La part fragile de nous-mêmes nous fait vivre des contradictions : vouloir rester et fuir en même temps.

À force d'être si peu dans l'action et si insatisfait de sa vie, on est pris d'ennui et de mélancolie : trop d'habitudes, pas assez de prises de risque diminuent le goût de vivre.

Agir, c'est créer du désordre dans cet ordre, même imparfait, qui a fini par se figer. Agir, c'est trahir quelque chose qu'on a mis en place, auquel on a cru mais qui s'est effiloché ou qui ne nous intéresse plus. C'est remettre en cause l'ancien choix, le chemin emprunté jusqu'ici. C'est renoncer :

1. Jacques de Bourbon-Busset.

on a choisi une voie, les autres voies ne s'offrent plus. Une seule est engagée. Agir, c'est s'engager. c'est s'incarner. Et se renouveler. Agir, c'est, au fond, être vivant. C'est justement trahir l'idéal de perfection lisse : agir, c'est aborder le réel, se confronter au concret, abandonner l'illusion de la pérennité, quitter une sécurité.

★ Alain : « J'ai été embauché par ce patron il y a plusieurs années, il m'a aidé, pris un peu sous son aile, m'a appris le métier. Aujourd'hui, je m'ennuie, je sens qu'il faudrait que je parte. Je peux prétendre à un poste plus élevé ailleurs, étant donné mon expérience. Être le second me limite, mais j'ai du mal à quitter mon patron, j'ai l'impression de trahir celui auquel je dois beaucoup. Cette décision très importante pour moi, je n'arrive pas à la prendre, je suis bloqué, je passe énormément de temps à y réfléchir. J'ai beaucoup de peine à l'idée de laisser ce job, comme si j'abandonnais mon patron. Je me sens très coupable, incertain de bien ou mal agir. »

L'envie d'aller de l'avant, de progresser, d'élargir son terrain d'action face à la nostalgie du passé, l'attachement à celui qui l'a fait grandir, qui l'a amené là : telle est la contradiction dont il faut s'extraire. Ce sont précisément ceux qui nous ont fait grandir que nous devons quitter pour vivre notre propre vie et faire grandir à notre tour des plus jeunes, dans un cycle de la vie qui implique – nous devons l'accepter – notre fin.

Même bien préparée, toute action nous amène vers l'inconnu. Toute action engendre un changement. Et le temps de l'action est un temps de déséquilibre.

La marche est ainsi constituée d'une suite de déséquilibres, chaque pas constitutif du mouvement d'ensemble étant un équilibre rompu et retrouvé puis rompu de nouveau, et ainsi de suite. Il en va de même de l'avancée dans la vie, dont la marche est le symbole.

Je doute toujours de tout

Vous ne vous sentez pas stable ni assuré. Vous vous interrogez sur chaque chose, vous n'êtes sûr de rien. Vous n'êtes pas tranquille quand vous ne savez pas ce qui va se passer, vous voudriez tout prévoir, tout préparer. L'incertitude vous fait peur, vous n'aimez pas l'inconnu.

Apprendre à gérer l'absence de certitudes est une gageure, car nous sommes embarqués dans un monde très mouvant, sommés d'agir, de choisir, de construire notre avenir, de créer notre vie.

De plus, la relativité de toute chose nous apparaît en gros plan, constamment reliés que nous sommes aux autres, y compris à ceux qui sont éloignés géographiquement et culturellement. Ces interactions façonnent nos fonctionnements psychiques, nos pensées, nos affects.

Par exemple, des relations amoureuses se tissent entre des personnes qui ne se sont jamais rencontrées physiquement, entre lesquelles la communication a lieu à distance. Les possibilités sont multipliées, mais la situation n'est pas nouvelle, et les relations épistolaires ou l'amour des romantiques du XIXe siècle nous ont déjà démontré l'attrait de l'amour fantasmé.

Les liens se nouent et se dénouent très simplement, parfois d'un texto, d'un mail, d'un mot sur une page de réseau social.

Avec cette ouverture sur de larges horizons grâce aux outils dits « de connexion », le risque est important de douter de soi. Pour ne pas se laisser happer par les illusions que peuvent recéler ces nouvelles possibilités, pour rester humain, l'individu contemporain doit mener sa lutte, se poser des questions, affirmer son identité.

Il est nécessaire de trier parmi les informations, de choisir parmi les sollicitations, au risque d'être débordé, englouti. Deux dangers guettent. Le premier tient au filtrage des informations selon un prisme teinté de paranoïa, à la fortification de certitudes dissociées du réel, fortement ancrées, ce qui rigidifie le rapport à l'environnement. Le second, à l'asphyxie de la personne, la noyade de l'identité dans un magma confus, au profit de l'identification à tout ce qui passe, selon un mode superficiel.

Seul l'enfant croit et ne voit qu'une vérité. L'adulte apprend que la vérité n'existe pas, que la réalité possède plusieurs visages.

Chacun a sa propre grille de lecture du monde, issue de son histoire personnelle, familiale et sociale. À la croisée de ses choix et de sa trajectoire, l'individu aura à créer, inventer, construire ses propres valeurs, aussi souples que possibles s'il veut rester adapté.

Dans son quotidien, baignant dans des contextes de vie multiples et diversifiés, l'individu assume plusieurs identités, parfois éparpillées, fragmentées – carrière professionnelle, fonction familiale, vie amoureuse. Ayant plusieurs plages d'identité à assumer, nous pouvons nous montrer très différents d'un registre à l'autre.

Ce chemin de vie semé de choix à faire, et donc de doutes, ne peut filer selon une ligne droite sans embûches. Cette évidence est pourtant peu admise, étrangement, comme si chacun avait au fond de lui l'envie que tout se passe en progression continue. L'illusion du « trajet de vie parfait » a la vie dure. Cette croyance s'alimente du désir de toute-puissance sur la vie. La maîtrise rassure : il est plus douloureux, au premier abord, d'accepter l'éphémère, l'incertain.

★ Victoria : « Notre histoire a commencé au lycée, et nous nous sommes mariés très tôt. Pour moi, la vie de couple était le bonheur parfait, je ne me posais aucune question, je pensais que nous allions finir notre vie ensemble. Quand nous avons eu notre fille, tout allait encore très bien. Puis un jour, Max m'a fait part de son mal-être dans notre couple. Nous avons discuté, décidé de changer quelques petites choses, et j'ai cru que nous avions réglé le problème. En fait, pas du tout, et un peu plus tard, Max m'a annoncé que faire un break serait une bonne chose, qu'il n'en pouvait plus. Le ciel m'est tombé sur la tête. Je ne m'y attendais pas du tout. À partir de là, toute ma fragilité est ressortie : angoisses, sentiment de solitude, perte totale de confiance en moi. Des choses que je ne connaissais pas jusqu'à présent. Dans ma thérapie, j'ai compris rapidement que je n'avais pas voulu voir un grand nombre de signes des changements de notre couple et de l'évolution de Max. Cet aveuglement m'a conduite à la catastrophe. Et à une renaissance difficile, mais salutaire ! »

Nous y sommes parfois hermétiques : les ondes de choc nous entourent et nous heurtent pourtant. Dans le même temps, nous multiplions nos efforts pour tenter de construire du solide et pour nous rassurer sur les risques et les dangers qui nous menacent… sans nous rendre compte que c'est en travaillant sur ces risques, et non en les évitant, que nous nous renforcerons. Nous sommes dans la contradiction.

J'ai du mal à faire le deuil

Vous vous sentez triste à l'évocation de certaines périodes du passé, vous avez du mal à changer, à quitter les personnes ou les lieux. Vous avez des difficultés à franchir les étapes de vie, vous restez un peu bloqué sur le passé, vous ne vous sentez pas plein d'élan pour le futur.

Le psychisme humain est doté de la capacité à retourner dans le passé par la force de son imaginaire. La compulsion de répétition, le goût pour la permanence, la résistance au changement (nonobstant le désir de nouveauté) forment des agrégats dans lesquels nous baignons parfois quelque temps.

Un parcours de vie est constitué de ruptures, d'étapes franchies, d'époques vécues puis révolues, d'âges différents, amenant à d'autres préoccupations, d'autres désirs.

Et au cours de ce parcours, des deuils se font : pas seulement ceux d'êtres disparus, mais aussi de périodes de vie, d'amours terminées.

Freud définit ainsi le deuil :

« L'épreuve de la réalité a montré que l'objet aimé n'existe plus, et elle somme alors l'endeuillé de soustraire toute sa libido de ses attachements à cet objet.[1]

Mais ce désinvestissement ne va pas de soi, et une grande résistance fait perdurer l'attachement, alors même que l'objet a disparu. Le travail de deuil peut être très long, si des raisons inconscientes font qu'il y a plus « intérêt » à demeurer fixé à l'objet perdu qu'à s'en libérer. Se transporter dans le passé, rembobiner pour regarder à nouveau le scénario difficile, revivre, réécrire l'histoire, rester fixé un moment, le temps d'assimiler, avant de repartir vers d'autres horizons. Avec une grande douleur.

Le principe de réalité : voilà bien contre quoi nous nous heurtons si souvent. Car lorsque nous rencontrons la réalité, nos désirs se trouvent empêchés de trouver leur satisfaction. Celle-ci viendra d'un compromis, pas toujours facile à faire émerger, entre ces forces opposées.

Voilà pourquoi le deuil est peut-être une économie : il nous fait vivre encore un peu dans la satisfaction passée, nous fait prolonger par l'imaginaire le moment d'avant la perte. Mais comme nous sommes connectés au réel en permanence, dans le même temps, nous nous confrontons à la souffrance liée à l'objet perdu. La douleur du deuil est ce choc réel/imaginaire

1. *Deuil et Mélancolie,* Sigmund Freud, éditions Payot, collection La Petite Bibliothèque, 2010, page 47.

réactivé. Il diminue avec le déclin de la force de l'imaginaire, le réel prenant le dessus progressivement.

Chaque étape de vie franchie amène son lot de deuils à accomplir. En premier, le deuil de l'enfance, que chacun négocie à sa manière, et qui reste semble-t-il la grande affaire d'une vie d'humain !

Les ruptures amoureuses sont parmi les plus douloureuses à vivre.

★ Souad réagit mal à la fin de son histoire d'amour. La relation s'étant terminée sur une trahison, le goût amer ne s'estompe pas facilement, ni rapidement. Plusieurs mois passent, faits de déprime, de nostalgie. Elle a envie de se calfeutrer et ne plus voir personne. Le deuil s'accomplit petit à petit cependant, et la force de vie revient, tout doucement. L'envie de vivre la suite de sa vie se fait plus pressante, et les bouffées de nostalgie pour le passé se raréfient. Le temps, aidé d'un travail personnel, a permis le détachement.

Je me sens en souffrance

Vous souffrez parfois d'angoisses, de mal-être, vous vous sentez seul ou vous avez des idées noires, vous ne voyez plus le monde et l'avenir positivement, vous avez des vagues à l'âme, des moments forts de tristesse, vous avez du mal à rebondir…

Quelle est cette fatigue, cette lassitude d'être, cette difficulté à vivre sa vie, à se mouvoir dans l'existence, à croire, à faire, à exister parmi les autres ? L'individu, soumis à des bouleversements profonds lors de moments de crise est sujet à des phases de découragement.

★ Jonathan : « Alors que j'avais étudié avec beaucoup de plaisir dans un domaine qui me passionne et que mes études s'étaient très bien passées, quand j'ai eu mon diplôme en poche, je me suis senti tout à coup… sans courage… Comme si l'immensité de la tâche qui consistait à trouver du travail, quitter la maison familiale, entrer enfin dans la vie d'adulte me paraissait étrange, inadéquate pour moi, trop difficile, très très lointaine. Je me suis mis à passer mes journées sur Internet, totalement inefficace dans ma recherche d'emploi, déprimé, fatigué. Je ne me reconnaissais pas. À tel point que j'ai décidé de réagir rapidement. Je suis parti en voyage quelque temps, histoire de créer une coupure, de découvrir le monde, de me remotiver. Au retour, après plusieurs discussions avec des amis, avec ma famille, je me suis ressaisi, et j'ai pu dépasser mon blocage et m'insérer dans la vie active. Puis quitter ma famille pour vivre ma vie. »

Les peurs dans cette étape cruciale qu'est l'entrée dans la vie adulte ont freiné Jonathan un moment, mais sa force de vie et son dynamisme lui ont permis de trouver les solutions qui lui convenaient. Dans cette solitude face à sa propre vie, dans cette interrogation face à ses choix d'avenir, il a perdu pied. Sa relation aux autres lui a servi de moteur pour reprendre sa route.

Peut-être la première angoisse est-elle celle de l'indifférence, de la relégation, de l'inutilité pour la communauté : comment accepter de ne pas compter pour l'autre, pour les autres ? Comment supporter cette peur d'être ramené au néant d'où nous venons et vers lequel nous allons ?

Entre-temps, comment traduire notre besoin d'imprimer quelque chose, de ne pas être venus pour rien, entre deux néants ?

Être humain, c'est se rendre compte de sa souffrance, celle d'aujourd'hui, celle de l'enfance. Ne pas la fuir, ni la laisser nous réduire. Accepter cette solitude intérieure, commune à tous, et pourtant si peu dicible.

Le socle de l'assise identitaire est parfois peu robuste si l'histoire de départ n'assure pas la sécurité de base. Mais la souffrance se rapporte à l'essence de la vie. De multiples angoisses émaillent une existence, car toutes les étapes franchies sont sources de peurs.

La conscience d'être mortel suffirait déjà à nous rendre angoissés. Mais ce n'est pas tout : savoir que notre vie ne tient qu'à un fil, que tout peut arriver à tout moment, que nous n'échapperons pas aux affres de l'âge, que notre corps risque les accidents, les maladies ; savoir que les êtres aimés sont soumis aux mêmes vulnérabilités... Tout ce qui touche à la vie même, et donc à la mort, ne peut qu'être source d'angoisse. Angoisse de la solitude à vivre face à tout cela, angoisse de l'abandon, angoisse de la perte : par essence, toutes les étapes de notre vie nous portent vers la confrontation à la vulnérabilité de notre condition humaine.

L'angoisse est un signal d'alerte. Notre moi, en danger, ne se sent plus en sécurité. Le combat est trop rude pour lui, les peurs existentielles, essentielles, l'assaillent, le submergent.

L'angoisse n'est pas à négliger ni à éteindre. Elle est le signe d'une humanité profonde.

> « Que serait l'homme sans l'angoisse ? l'art, sans l'angoisse ? la pensée, sans l'angoisse ?[1]

Nous étreint la conscience d'un temps limité, filant à grande vitesse, pensons-nous. Dès que nous posons le regard sur le présent, aussitôt il devient passé. Ainsi, à la vitesse de l'éclair, s'égrène notre vie.

Un autre temps existe, plus long. Celui de l'intériorité. Celui de l'infini de la vie que nous portons en nous, le temps de notre matérialité.

L'éphémère est à la fois source de motivation, d'action et générateur d'angoisse. Si notre durée de vie était infinie, nul doute que nous serions peu bousculés, peu actifs. Mais cette évidence de notre fin, pourquoi l'acceptons-nous généralement si mal ? Qu'est-ce qui nous hante à l'idée de terminer ce chemin que nos ancêtres ont terminé, eux aussi, pour nous laisser la

1. *Impromptus*, André Comte-Sponville, Presses universitaires de France/ Perspectives critiques, 1996, page 10.

place, comme nous devrons la laisser aux générations suivantes ? Pourquoi l'angoisse de notre mort est-elle si forte ?

Conclusion

Ce qui se manifeste ainsi sous différentes facettes dans la vie de tous les jours, plus ou moins fréquemment selon les périodes et les étapes de notre parcours, caractérise bien les signes de notre fragilité.

Vous vous êtes sûrement reconnu lors de moments de doutes, de tâtonnements, d'indécisions, de « mal-à-être » variés.

Ainsi, en constatant l'existence de votre part fragile, vous vous demandez peut-être si tout le monde est comme vous, si cela vous rend vulnérable ou pas…

Chacun d'entre nous est une « machine » au fonctionnement complexe, destinée à penser, à élaborer, à se souvenir, à projeter dans le futur et dans l'imaginaire, à construire une réalité intérieure faite des impressions reçues et des sensations perçues, constituée des mémorisations, des peurs et des désirs qui nous habitent…

Le désir d'être heureux dans notre vie, tout simplement, de trouver un équilibre entre la réalité et nos aspirations mais aussi de chercher du sens, de comprendre le pourquoi de notre venue au monde, l'envie de trouver l'orientation à donner à notre vie alimentent nos inquiétudes, nos angoisses, nos doutes, nos oscillations, nos tergiversations, nos incertitudes. La fragilité concerne donc bien, un jour ou l'autre, chacun d'entre nous.

En faisant connaissance de façon plus approfondie avec nos mécanismes de vie et de survie, nous pouvons peut-être observer de plus près ce qui, dans nos fonctionnements et notre construction, explique nos sensibilités ? Et ainsi appréhender la matière dont est constituée notre essence de verre, pour prendre contact avec cette vulnérabilité qui nous interroge tant sur notre humanité…

DEUXIÈME PARTIE

POURQUOI SOMMES-NOUS SI FRAGILES ?

« Devenir adulte, c'est oublier ce que l'on ne peut s'empêcher de savoir et dans quoi l'enfant – parce que la force lui est donnée avec sa faiblesse – passe ses heures : le désarroi des mots, la carence des amours et la lente corruption des rêves, soumis à tous les vents. »

Christian Bobin

Notre fragilité est inscrite dans notre construction personnelle. À cette dernière s'ajoutent l'héritage d'une histoire familiale, d'un contexte collectif mais aussi l'évolution de notre espèce, elle-même se développant parmi d'autres formes de vie qui l'influencent.

Nous nous formons, nous nous organisons dans la complexité, les tensions de forces opposées, les tâtonnements, les mouvements d'évolution et de régression. Le dénuement du début de la vie nous incite, si on ne l'oublie pas, à nous questionner sur notre vulnérabilité, notre dépendance, notre relation aux autres, nos échanges vitaux avec l'environnement. Il engendre peurs et doutes sur tous ces sujets. Nous naissons démunis, dépendants. La détresse qui nous étreint alors est un appel à la survie. Dans ce vécu archaïque se trouve un grand nombre des ferments de la fragilité à vivre plus tard.

Une certaine « difficulté d'être » accompagne la conscience d'exister. Chacun tente d'équilibrer les nécessités de survie et d'adaptation, avec les désirs d'être, d'avoir et d'aimer. Comment gérer cette difficulté qui mène tout droit à notre fragilité ?

Notre construction engendre notre fragilité

Le moi se construit étape par étape

Le moi se construit par étapes, ce qui lui permet de vivre ses expériences (ses besoins, ses désirs mais aussi ses peurs) et de consolider sa structure pas à pas.

Chaque étape contient une phase d'investissement dans le nouvel environnement, puis une période d'accomplissement et d'épanouissement, et enfin un moment où le cercle investi apparaît trop étroit. Un élan vers l'étape suivante conduit alors à déstabiliser l'équilibre antérieur pour parvenir à l'échelon suivant.

Lors du passage d'une étape à l'autre, un degré supérieur d'autonomie est à acquérir. Il est nécessaire de quitter le confort acquis, le contentement de maîtriser ce qui est connu. Cela signifie accepter de perdre les bénéfices, la place, l'équilibre présents. Le tiraillement entre, d'une part, la peur de perdre ce confort et, d'autre part, le désir d'aller plus loin fait partie des éléments fondateurs de l'être. Un déploiement d'agressivité, c'est-à-dire une force dirigée vers l'extérieur, est nécessaire pour se dégager de la passivité antérieure. L'individu dans son devenir adulte évolue vers de plus en plus d'activité autonome.

Ce conflit est un passage obligé, dont on sort en général vainqueur, pour partie. Car un pan de notre énergie peut rester fixé en amont, dans une étape particulièrement difficile qui aura exigé une vigilance et des efforts particuliers tout au long de la vie.

★ Olivia : « Je n'ai jamais accepté la déchéance sociale qui a touché ma famille alors que j'étais préadolescente. J'ai ressenti une humiliation cuisante, un dégoût même, pour ce que j'ai considéré comme la faiblesse de mon père, en dépression suite à la faillite de son entreprise. Adulte, j'ai évolué dans mes études, et ma carrière professionnelle et sociale s'est déroulée conformément à mes attentes. J'ai trouvé ma voie, déterminée à ne pas reproduire la défaite paternelle. Cependant, ma vie affective est un vrai désert : quelques histoires et, surtout, de grandes périodes de solitude. Mon énergie a toujours été entièrement focalisée sur le travail, sans doute pour réparer mon humiliation d'enfant. En même temps, ma peur me fait m'agripper à l'image paternelle déficiente, comme pour "sauver" mon père, et je n'ai pas pu faire confiance aux hommes. Même dans mon milieu professionnel, je préfère travailler avec des femmes. »

Olivia s'est interdit de construire une relation avec un homme, comme si elle obéissait à une représentation du monde selon laquelle « je ne peux compter que sur moi ».

L'impact émotionnel de l'insécurité et du bouleversement familial vécus par Olivia a fixé chez elle une peur souterraine terrible, celle de revivre la déchirure de son enfance. Le manque de mots à l'époque, l'ambiance dépressive de la famille ne lui ont pas permis de réfléchir et penser l'événement ; aussi la blessure n'a-t-elle pas été refermée. L'image forte du père avant sa faillite n'a pas résisté à l'effondrement et a fait place à la rancune de la désillusion.

Pour que l'évolution se fasse, il est nécessaire de passer à des sphères d'influence de plus en plus larges.

En effet, les cercles de construction du moi s'élargissent au fur et à mesure :

- Le premier cercle est un environnement très proche, constitué des personnes qui prennent soin de l'enfant, qui le nourrissent et l'entourent affectivement. Les soins corporels et affectifs sont liés, nécessaires à la survie et à la santé tant physiologique que psychique. Dans cette matrice protectrice, le nourrisson assimile le monde extérieur et ne fait qu'un avec l'entourage, en une symbiose. C'est le stade de l'assimilation fusionnelle.

- Dans un second temps, le monde extérieur est toujours constitué des personnes en charge de l'enfant, mais au fur et à mesure de la montée en puissance de sa volonté et de l'augmentation de son autonomie, le milieu environnant devient éducateur : de multiples apprentissages vont avoir lieu, destinés à contrôler le pulsionnel, l'archaïque, le désordre. Il apprend à faire ou ne pas faire comme on lui dit, il apprend à accepter et à refuser, il apprend à retenir et à lâcher. C'est le stade de la reproduction des apprentissages parentaux.
- La troisième étape est un apprentissage de la place au sein de la famille, puis du groupe. Le cercle s'élargit à de nombreuses personnes, auprès desquelles il faudra apprendre à être soi, sans se laisser absorber, ni se sentir rejeté. Les relations se complexifient, l'amour inconditionnel disparaît, l'enfant apprend que pour être aimé, il faut correspondre à certains critères. Il se socialise. C'est le stade de l'adaptation au groupe.
- Dans un quatrième temps, l'identité se développe en choisissant dans l'entourage les modèles dont chacun va suivre l'enseignement ou les conseils, les qualités qu'il souhaite développer et les apprentissages auxquels il désire s'adonner. Le cercle est celui du groupe social dans son entier, et l'enjeu pour l'adulte en devenir est l'insertion et la qualité de sa contribution au groupe des humains dont il fait partie. Les dimensions spirituelles ou humanistes se développent éventuellement, donnant une plus grande envergure à ses actions. C'est le stade de la construction personnelle dans le monde.

Chaque palier est franchi en affinant son regard, en enrichissant ses interactions, en diversifiant ses relations avec l'extérieur.

L'environnement sera plus ou moins souple et attentif à ce besoin d'évolution. Il aura ses propres raidissements et points de souffrance, qui l'amèneront à se fermer parfois. L'environnement idéal n'existe pas.

À côté de ces élans vers la progression et le futur, existent les pulsions régressives, qui elles, poussent le sujet en sens opposé. Ainsi, les désirs de régression, en cas de coup dur, de difficulté, de danger, nous conduisent à nous réfugier dans notre cocon, vers notre phase de vie la plus agréable, la plus sécurisante. Au plus régressif, ce désir peut devenir mortifère et vise à retourner à l'avant-vie, à l'indéterminé, avec le fantasme d'y trouver le plus de plaisir.

> « Comme une pièce de monnaie est pile ou face, nous sommes tout le temps habités par le désir de retourner au sujet sans corps d'avant naître, qui n'est pas le mort, qui est l'invariance supposée de l'avant-vie.[1]

Deux mouvements coexistent donc toujours : celui de l'extension et celui de la régression. Notre fragilité s'alimente de ces tendances, s'ancre dans cet entre-deux, cette hésitation, ce trouble.

Nous rêvons de l'invariance, inexistante pourtant. Rien n'est fixe, chaque millième d'instant qui passe diffère de celui d'avant.

Cet avion que j'entends passer dans le ciel, le temps de l'écrire, je ne l'entends plus déjà. Il est passé. Plein d'autres choses se sont passées en moi et dans le monde à ce même instant.

La vie est mouvements incessants.

Un franchissement d'étape est donc un bouleversement, engendrant déséquilibre, instabilité et mouvement régressif. La fragilité est inhérente à ces passages qui deviendra force une fois le cap franchi, ou laissera des traces si le gué est difficile à passer.

1. *Tout est langage*, Françoise Dolto, éditions Le Livre de poche, 1990, page 44.

Deux forces en nous : pulsion de mort, pulsion de vie

Le psychisme est soumis à une loi, que Freud a mise en avant dans sa théorie : la pulsion de répétition. L'instinct de répétition, dit Freud, témoigne de la tendance à la conservation du psychisme, qui dans un premier temps, de façon automatique, cherche toujours à maintenir l'état de plaisir : répéter par exemple l'acte de manger, pour le bébé, afin d'obtenir à nouveau l'état de satiété, si satisfaisant, venu pour calmer la faim, tension physique et psychique difficile à supporter pour lui.

Cette loi de répétition conduit le psychisme à reproduire le plaisir. Cela, on le comprend aisément. Mais l'expérience clinique nous apprend, comme la théorie freudienne l'a découvert, que la répétition est indépendante du principe de plaisir, c'est-à-dire qu'il y a aussi répétition du déplaisir.

★ Stefan : « La même souffrance se répète d'histoire en histoire. Je suis avec des femmes à fort tempérament, qui s'expriment sur leur vécu, leurs émotions, qui ont des attentes bien déterminées. Moi, face à elles, je reste flou, indécis, vague, peu engagé. Je suis bloqué. Je me sens petit garçon. Alors je fuis, au bout d'un certain temps, car l'angoisse monte en moi, je ne supporte plus leurs reproches, leurs regards. Je sens leur déception très grande, et je reste incapable de surmonter mon blocage, mon inertie. Pourtant, ce sont toujours ces femmes qui m'intéressent, qui m'attirent, car je les trouve fortes, belles, impressionnantes. »
Quelque chose de plus fort que lui envahit Stefan et le pousse à rejeter ce qui devient une angoisse insupportable. Il répète un scénario et ne pourra en sortir que s'il en comprend les éléments refoulés. Que veut-il prouver à lui-même en reproduisant la séduction d'une femme forte et le rejet qui l'accompagne immanquablement ?
Tous les éléments du scénario sont à prendre en compte pour éclaircir la répétition en œuvre.

“Au lieu de se souvenir, le psychisme revit les situations douloureuses pour reproduire « tout ce qui, émané des sources du refoulé, imprègne déjà toute sa personnalité : ses inhibitions, ses attitudes inadéquates, ses traits de caractère pathologique. La répétition est un souvenir en acte.[1]

Un événement fort émotionnellement, qu'il soit positif ou négatif, va tourner dans le circuit psychique comme un écureuil en cage, répétant inlassablement l'affect, qu'il soit de plaisir ou de souffrance. Le trauma cherche toujours à se dire, inlassablement, tant qu'il n'est pas entendu *vraiment.* Autrement dit, la pulsion de répétition est la force qui pousse à reproduire l'état antérieur, qu'il soit fait de plaisir ou de déplaisir.

Or, ce qui est à l'œuvre en souterrain est ce que les psychanalystes après Freud nomment *« la pulsion de mort ».*

Cette force de répétition sous-tendue par l'instinct de mort fait obstacle aux tentatives de thérapie. Elle est un frein à la guérison. On en vient à bout, à force d'associations, de remémorations, grâce aux relations, au transfert, à la confiance en l'autre, etc.

La pulsion de mort et la pulsion de vie sont intriquées l'une à l'autre. La première souhaite à tout prix (mais à quel prix ?) revenir au calme, à l'évincement des tensions, au retrait, avec l'émoussement du désir. La pulsion de vie représente l'élan du désir, qui pousse au mouvement et à l'action, grâce à l'agressivité nécessaire au combat.

Les deux sont couplées sans cesse. Ainsi, dès qu'il s'agit d'investir un objet à l'extérieur, l'agressivité entre en jeu. Manger, par exemple, c'est détruire l'aliment que l'on mange. Si chaque pulsion n'était pas couplée à l'autre, elle nous

1. *La Technique psychanalytique*, Sigmund Freud, Presses universitaires de France, 1989, page 110.

entraînerait vers la destructivité : soit l'agressivité à outrance, soit l'immobilisme, la régression totale. Il n'y aurait pas de construction possible.

> « La pulsion de mort veut le calme, alors que toute organisation de vie suppose qu'on supporte une certaine tension liée au fait que quelque chose s'organise pour se maintenir au lieu d'être évacué.[1]

Le rythme « normal » de vie est une succession de tensions, de stress, suivis de satisfactions, de périodes de calme, de tranquillité. Un équilibre trouvé sera défait si la pulsion de vie pousse à aller chercher plus loin un autre équilibre… Ainsi, les tensions et conflits nous aident-ils à nous porter vers l'avant. C'est le croisement et le décroisement entre les pulsions de mort et les pulsions de vie qui nous mènent à construire, à élaborer, à développer et complexifier notre vie.

La pulsion de mort est à comprendre et à intégrer comme faisant partie de nos éléments psychiques de construction. Elle contient notre part fragile. Elle nous porte à la destruction si nous la laissons prendre le dessus. Elle est une composante du renforcement de l'être si nous la canalisons.

S'extraire de l'indifférencié

Avant la parole

Il y a d'abord l'*infans* : celui qui ne parle pas. C'est l'être d'« avant » : avant la construction du langage, avant les mots.

> « C'est l'être d'avant celui qui parle.[2]

1. André Green, dans un entretien réalisé le 1er mai 2007 par Dominique Baudesson, pour le site de la Société psychanalytique de Paris (SPP).
2. *Avant*, Jean-Bertrand Pontalis, éditions Gallimard, 2011, page 113.

Et la question vient aussitôt : qu'est-ce qu'il y avait avant ? Beaucoup de sensations, de perceptions, un monde entier de résonances pleinement absorbées par l'enfant, car non filtrées par la raison, l'entendement, sans pensée structurée.

Dès le stade fœtal, le psychisme est constitué : le fœtus absorbe, capte les sensations, il perçoit les goûts, voit et entend, en état d'hyper-réceptivité, protégé par la barrière placentaire. Il est relié, en interaction, en assimilation à l'intérieur de son enveloppe utérine, dans son milieu aqueux.

La naissance et les premières semaines sont l'expression du génétique et du biologique. Les échanges vont très rapidement permettre d'enrichir et d'épanouir cette expression dans un environnement propice à l'accueil de ce potentiel.

Un corps et un psychisme constitués, opérationnels mettront en œuvre un potentiel d'incarnation du vivant, issu du génétique, de la généalogie, des inconscients familiaux et sociétaux, poussés par l'élan de vie, ce désir instinctuel inné, inhérent à la vie.

Un individu grandit alors, se différenciant de tous ceux qu'il rencontre, se reconnaissant lui-même comme autre parmi les autres.

Ce moi-là d'avant la socialisation, d'avant les autres, cet *infans*, nous le portons en nous toute la vie.

Le hors-langage

À la fin de la vie, de même, l'être peut retourner au non-langage : la parole vacille, la mémoire s'envole, la pensée s'éteint. L'être vit toujours, cependant. L'homme peut vivre sans la parole.
En nous existe un sujet, un « je » qui vit en dehors des mots. Un « je » mutique, sauvage, sensitif, biologique, qui n'a pas été apprivoisé par le social et ses obligations. Il n'obéit pas à beaucoup de lois, il se contente de vivre, d'être là, présent. Juste présent à tout.

Cette entité importante de notre vie de sujet mérite d'être reconnue. C'est une part que l'on pourrait nommer la part animale. La part de survie, la part de peur ou de sécurité, la part de liberté aussi. Tout mettre en langage serait une tentative d'autoritarisme, de mainmise sur ce hors-mots qui a besoin de silence.

> « Je refusais l'idée, que je jugeais totalitaire, qui veut que tout ait un sens. Je ne voulais pas être réduit à un sujet de l'empire des signes.[1]

On n'a jamais accès à tout, tout ne s'énonce pas, ni à l'intérieur, ni à l'extérieur. C'est une part irréductible de liberté, qui a besoin de l'ombre pour respirer. Une respiration souple, sourde, ancienne. Un point central de vie.

★ Soledad : « J'ai refusé de parler jusqu'à l'âge de cinq ans. Je me souviens de l'inquiétude de mes parents, des examens médicaux et psychologiques que j'ai subis pour vérifier que je n'étais pas anormale. Je comprenais parfaitement tout ce qu'on me disait, je jouais, je dessinais, j'étais habile de mes mains et de mon corps, je progressais normalement dans tous les autres domaines, mais je ne décrochais pas un mot. Ma famille semblait s'habituer à mes signes pour montrer ce que je voulais, à mes gestes et mouvements de tête exprimant mon accord ou mon désaccord. Je me faisais parfaitement comprendre. J'ai toujours pensé que la raison de ce silence tenait à mon désaccord fondamental avec ce qui se passait autour de moi, dans ma famille. Je n'avais pas envie d'y collaborer et d'y participer. »

L'individuation

L'indifférencié du départ, qui est incorporation, intériorité, sensibilité, « voyance » et n'établit pas de frontière entre l'extérieur et l'intérieur, se structure petit à petit par la conscience de l'existence d'un moi et d'un non-moi, et par la reconnaissance de soi dans son image reflétée.

1. *Ibid.*, page 114.

Le stade du miroir (mis en exergue par Jacques Lacan) rappelle l'importance de cet instant jubilatoire pour l'enfant où, soudainement, entre six et dix-huit mois, il se reconnaît dans le miroir et accède à cette assise spéculaire : « je » et son double, ce qui implique conscience de son unité, de son unicité, alors même que sa structure unitaire n'est pas encore assurée sur le plan psychomoteur.

L'étape est primordiale dans la constitution du moi. L'enfant s'identifie à une première image : la sienne.

Les contacts avec l'environnement permettent la mise en forme ténue et progressive d'une enveloppe différenciant le moi du non-moi.

Une enveloppe appelée *« moi-peau »* par le psychanalyste Didier Anzieu (1923-1999).

La peau isole et protège de l'extérieur, des abus, des intrusions. Comme le moi et ses barrières de défense.

Le moi-peau occupe des fonctions essentielles, celles du moi et celles de la peau étant mises en perspective et en parallèle : fonctions de soutenance, de maintenance, de contenance, d'unification, de protection, de pare-excitations, d'individuation, surfaces d'échanges, de tensions, de sensorialité.

Le moi est cette façon d'habiter son corps, doté de sens (pour percevoir ce qui est extérieur et intérieur) et d'un psychisme (pour transformer cette perception en pensées).

Au cours du développement, un tri se fait dans les expériences sensitives : certaines seront activées, d'autres oubliées, refoulées dans la grande marmite de l'inconscient.

Les interactions avec le non-moi se multiplient, obéissant à des règles qui s'organisent psychiquement, qui s'intériorisent. Petit à petit, le moi s'accorde entre les désirs pulsionnels et les réponses de l'entourage, qui l'aident à se structurer.

L'unité du moi se constitue progressivement ; une continuité existe entre les différentes périodes de son évolution, une cohérence se met en place. On est reconnu par l'entourage comme porteur de telle ou telle qualité, de tel ou tel défaut. On se connaît mieux, on se « reconnaît bien là » dans un comportement ou une attitude.

Cette identité a parfois du mal à se construire. Elle prend alors des modèles à l'extérieur, quitte à chercher à « cloner » un autre pour se sentir exister, pour pallier une difficulté à aménager cette interface entre le moi et le non-moi.

★ William : « Dans ma jeunesse, j'ai traversé une période complètement désordonnée, incohérente. Chaque fois que je me faisais un ami, je voulais lui ressembler en tout point : je l'imitais, je participais aux mêmes activités que lui, je parlais, je m'habillais comme lui. Je me fondais littéralement dans chaque nouvelle amitié. L'ami finissait par s'en rendre compte et me trouvait très lourd. Je me faisais rejeter régulièrement et je recommençais avec un autre. Je me souviens que je voulais vraiment être cet autre, que je m'identifiais, je ne voulais plus faire de différence entre moi et lui. J'étais très malheureux. J'ai réussi à me rendre compte que j'étais vide de ma relation à mon père et que je cherchais une identification à l'extérieur pour ne pas rester seul avec ma mère. Mes difficultés se sont estompées lorsque j'ai eu un rapport plus fréquent avec mon père et que j'ai rencontré sa nouvelle famille. J'ai compris que j'existais à ses yeux et que ce qu'il avait rejeté en partant était son couple avec ma mère, pas moi. »

Le sujet a besoin des supports identificatoires parentaux pour se développer. Cette naissance du moi par extraction du chaos d'origine semble aller de soi. Pourtant, elle est un jeu très complexe d'interactions subtiles et suppose une lente métamorphose graduelle, source de potentielles fragilités.

Les rapports empreints de difficulté entre ce moi en construction et l'extérieur nous indiquent nos points de fragilité toujours à l'œuvre que nous devons renforcer au cours de la vie.

Les tensions du moi

Le moi se forge à partir du chaos inorganisé du début. Il est composé de la somme des souvenirs des actions, des vécus, des émotions. Une partie est consciente, une autre est tombée dans l'oubli.

Pour se construire, le moi est tiraillé par de puissantes tensions, chacune ayant ses impératifs : le ça, le surmoi et l'extérieur sont les trois entités entre lesquelles le moi organise une synthèse et cherche à exister. Le moi peut paraître bien faible au centre de ces forces puissantes qui l'entourent.

Le moi se construit en tant qu'intermédiaire entre le ça et la réalité extérieure. Dans un premier temps, l'enfant se soumet à des règles parentales sans avoir vraiment le choix, dépendant qu'il est de ceux qui subviennent à ses besoins et sans lesquels il ne pourrait vivre. Cette obéissance aux règles permet à l'enfant d'organiser son énergie vitale et ses investissements affectifs et d'intégrer la loi fondamentale d'interdiction de l'inceste, loi fondatrice de la civilisation humaine.

En intériorisant ces règles, il enrichit son monde intérieur et accède à l'aspect symbolique grâce auquel il entre dans le réel par une autre porte, celle du langage, de l'intellectualisation, de l'art.

L'inconscient, ce sombre continent ?

Nous ne sommes pas entièrement seuls aux manettes de notre vie ! Le conscient n'est pas maître à bord et la volonté ne peut pas tout, contrairement à une idée reçue. Il est préférable de savoir que des forces nous dépassent et ne pas avoir peur de s'en approcher. Pour s'épanouir, l'individu peut apprendre à reconnaître ces forces qui le dominent dans la plupart de ses actes. Les connaître pour les intégrer et les transformer en un moteur afin d'acquérir une autonomie de vie psychique et une ouverture à l'autre.

L'inconscient est appelé le *« ça »,* notion conçue par Freud et développée par la suite.

Il est aussi constitué de nombreux éléments psychiques non issus de la vie personnelle, et c'est l'inconscient collectif que Jung a, le premier, mis en valeur.

L'inconscient individuel ou « ça parle à notre place »

Le ça comprend le monde pulsionnel de départ, non-organisé, poussé par la pulsion de vie, de survie, même, exigeant et terrifiant, puissant moteur inconscient.

On n'y accède que par analogie, métaphores, associations et par les rêves.

Un grand morceau de ce ça demeure inconscient, nous n'avons accès qu'à une toute petite parcelle lorsqu'elle parvient au-dessus du niveau de conscience.

Selon une célèbre métaphore, le ça est proportionnellement aussi vaste que la partie immergée d'un iceberg, le moi conscient étant comparé au morceau de glacier visible au-dessus du niveau de la mer. Le ça domine, selon Freud, un moi bien faible et bien peu au gouvernail. Les rêves, expression du ça, qui nous paraissent si étranges parfois, nous font prendre conscience d'un monde en nous, qui nous échappe totalement, qui a un langage propre et nous surprend par ses images hors norme, irrationnelles. Le ça a des raisons que le moi cherche à ignorer, la plupart du temps.

> La phrase : "Je vis..." n'est vécue que conditionnellement, elle n'exprime qu'une petite partie de cette vérité fondamentale : l'être humain est vécu par le ça.[1]

Le ça est constitué des éléments de la vie psychique, souvenirs, affects, émotions, qui s'enfoncent, puis restent au-dessous du seuil de la conscience. Or, la plupart de nos vécus antérieurs à l'âge de trois ans sont presque totalement oubliés, sont entrés dans l'inconscient et n'en ressortent plus. Pour beaucoup de sujets, l'amnésie frappe même les sept premières années, voire plus. Qu'en est-il alors de tout ce temps vécu, de ces années si intenses, si fondatrices, de ces impressions découvertes pour la première fois (*« pourquoi est-ce que je ne me souviens pas de la première fois où j'ai vu la mer ? »),* de ces interactions si importantes pour le futur, de ces émotions qui ont contribué à forger nos mécanismes, nos habitudes, nos croyances ? Ils forment la cohorte des souvenirs voguant à l'aveugle dans l'inconscient et qui, pourtant, sont à l'origine de beaucoup de situations du présent.

★ Jade : « Je me suis retrouvée plusieurs fois dans ma vie à devoir choisir entre deux alternatives très importantes. Comme je suis incapable de faire un choix, la situation devient vite intenable. Je vis une hésitation permanente, je ne sais pas me déterminer. Jusqu'au jour où j'ai démarré deux histoires d'amour en même temps et là, je me suis dit que ce n'était pas possible d'être à nouveau confrontée à un dilemme. Le chiffre deux me poursuivait. C'est alors que j'ai compris le rapport avec mon enfance : j'ai été élevée dans deux foyers, puisque ma famille paternelle et ma famille maternelle, qui étaient déchirées, se sont partagé ma garde. Aucune des deux

1. *Le Livre du ça*, Georg Groddeck, éditions Gallimard, collection Tel, 1992, page 20.

ne voulait renoncer à la primauté sur mon éducation. J'étais bien dans les deux familles, pourtant très différentes. Je suppose que je me suis sentie souvent écartelée, en conflit, mais je n'en ai aucun souvenir. »
Jade a refoulé une partie de ses souvenirs, ceux qui l'impliquaient dans le conflit familial, pour ne pas avoir à faire de choix, car elle n'a jamais eu de préférence et voulait garder ses deux familles. Simplement, son inconscient a parlé pour elle, en la ramenant régulièrement à cette situation de dualité, comme pour l'inciter à s'extraire du conflit toujours en elle. Grâce à cette connaissance du lien avec son enfance, Jade peut en dénouer l'enjeu profond et, en travaillant sur ce lien, se libérer du scénario répétitif.

Pour pouvoir s'adapter, une partie importante des pulsions du ça devra être remisée aux oubliettes par le moi : c'est le refoulement, grande force utile à la conservation du moi.

En effet, le moi ne peut s'adapter aux exigences de l'éducation qu'à condition de refouler une partie de la force pulsionnelle du ça. Nous voyons cela chez le petit enfant : sa colère, exprimée par des cris pour obtenir immédiatement la satisfaction de son désir, sera remplacée petit à petit par la possibilité d'attendre et de formuler ses attentes avec des mots, voire par la possibilité de renoncer à ce désir ou de le transformer.

Le ça est donc inconnu et inconscient, étant l'objet du refoulement. Le refoulement obéit à des nécessités sociales et narcissiques, mais dans le même temps, une grande énergie psychique sera utilisée pour résister à son retour, le refoulé cherchant toujours à s'imposer, tel un perturbateur intrus, comme l'a décrit Freud.

La montée du refoulé en pleine lumière n'est pas admise, car, confronté au jugement du conscient, celui-ci pourrait susciter de la culpabilité et un grand déchirement interne. En effet, le refoulé s'oppose aux préceptes appris et reçus en héritage.

« Ce qui est refoulé ne disparaît point, cela ne reste pas à sa place, voilà tout. C'est repoussé dans quelque coin où il ne lui est pas rendu justice... où cela se sent à l'étroit et désavantagé.[1]

Et ainsi, quand il arrive au conscient, ce refoulé a-t-il dû lutter pour se frayer un chemin difficile à travers des brèches offertes, dans la thérapie, par exemple, qui le stimule et le rassure.

Le refoulé apporte alors une grande richesse au conscient, une somme de forces vitales importante, une connaissance source de créativité et lui amène une souplesse et une liberté de mouvement.

L'inconscient collectif de Jung et la puissance symbolique

Selon Jung, les contenus de l'inconscient ne sont pas seulement ceux issus des désirs refoulés parce qu'inacceptables pour l'éducation. Il en existe d'autres : ils ne sont jamais apparus au conscient et sont partagés par l'ensemble des humains, à quelque civilisation qu'ils appartiennent. Ces complexes chargés en énergie forment l'inconscient collectif.

L'inconscient collectif est constitué des images, symboles, fonctions et représentations communes à tout individu et contenus dans l'imaginaire de chacun. Notre inconscient commun et universel est peuplé de thèmes ou d'images qui s'appliquent à nos vécus individuels, à nos expériences de vie, à nos passages initiatiques. Ces images sont fortement utilisées dans les œuvres artistiques : le vieil homme représentant la sagesse, le savoir, la transmission ; la jeune fille représentant le potentiel féminin en devenir, etc.

1. *Ibid.*, page 63.

Nos rêves apparaissent comme des véhicules de symboles universels autant que personnels, en fonction de notre histoire.

Une couche profonde de l'inconscient coexiste avec celle de l'inconscient personnel. Selon Jung, l'esprit humain n'est pas seulement individuel, il est aussi collectif.

> « La psyché collective embrasse les "parties inférieures" des fonctions psychiques, la part profondément enracinée, qui se déroule et s'exerce en quelque sorte par automatisme, cette part héritée et présente en chacun, donc impersonnelle et supra-personnelle, de la psyché de l'individu.[1]

Voilà une entrevue sur un univers encore plus profond, parcouru d'un mystère insondable, un monde vaste, sans limites, auquel nous sommes confrontés, dont nous sommes imprégnés, dépositaires dès la naissance, qui nous habite et en même temps nous dépasse complètement, en tout cas, que nous ne maîtrisons pas du tout !

Le mystère de l'inconscient s'épaissit à mesure que nous y pénétrons. Nous y sommes perdus, avec notre rationalité et nos repères de vie consciente, sans lampe pour y voir clair, comme dans une forêt hallucinante, emplie de frayeur et de beauté, de danger et de surprise.

Nos approches et essais de compréhension de ce monde empli d'images symboliques sont un parcours jalonné de merveilleux, et qui pose des questions existentielles sur la place de l'homme dans cet univers.

Jung explique que cet inconscient offre des images spontanées venues de cette universalité de l'humain, bien que l'inconscient en tant que tel ne pense pas ; ce n'est pas son rôle. C'est ce que nous en faisons, la manière dont notre pensée, notre

1. *Dialectique du Moi et de l'inconscient*, Carl Gustav Jung, éditions Gallimard, collection Folio essais, 1988, page 65.

raison, nos valeurs traitent avec cet inconscient, qui le rend acceptable, plein d'enseignements. C'est la façon dont nous en utilisons la connaissance qui lui donne sa présence positive ou au contraire destructrice.

C'est par l'étude des rêves que nous approchons au plus près de l'imprégnation de cet inconscient dans nos psychés. Les grands archétypes issus de l'aventure collective humaine peuplent nos inconscients, que relie entre eux ce tronc commun.

★ Jérémie : « Après un changement profond dans ma vie, je me suis senti un peu inerte, sans énergie. J'avais du mal à retrouver mes marques. Or, dans cette période, j'ai fait un rêve extraordinaire qui a été déterminant pour moi. Je me suis vu tout d'abord habillé en roi d'un pays lointain et je recevais des sujets qui venaient à mes pieds se prosterner. Ils étaient grimaçants, vils, apeurés, m'offraient des cadeaux mirifiques et laids dont je n'avais pas besoin, me souriaient servilement. Parmi eux, figuraient des traîtres et je ne savais pas lesquels. J'étais très mal à l'aise. Tout à coup, un individu muni d'un sabre est entré dans le palais, a tué tout le monde et m'a enfermé dans un cachot. Et là, je devais être à ses ordres. Je devais à mon tour ramper, me lamenter, pleurer pour avoir un peu de pain, un peu d'eau, pour pouvoir sortir et voir la lumière. Ce rêve a duré très longtemps, il était très fort, très impressionnant. Je me suis réveillé empli de sa forte impression, et après l'avoir noté, j'y ai réfléchi longtemps, plusieurs fois, et j'ai compris ce qu'il voulait dire.

Dans ce rêve, j'occupe deux positions opposées : d'un côté, je suis le roi, et de l'autre, je suis l'esclave. Le rêve m'a montré que je me trompais de voie. Dans ma nouvelle vie, je croyais inconsciemment que tout allait se transformer, fonctionner à merveille, de suite, sans effort supplémentaire à fournir. En fait, il n'en était rien. Je me trouvais bien seul. Et je me défendais en trouvant que les autres ne faisaient aucun effort, que personne ne se préoccupait de moi. Ce qui me permettait de ne pas bouger pour faire évoluer les choses. Je me prenais pour le roi. Mais je n'avais que de mauvais "sujets".

L'image forte de la position de l'esclave dans laquelle je me trouvais ensuite m'a montré que je devais descendre de mon piédestal, que

je devais trouver une autre voie plus humble, sans me sentir aussi avili et démuni. »
Le rêve de Jérémie utilise des symboles archétypaux tels que le roi, l'esclave. Ces images impressionnent et font réagir le psychisme car elles sont directement issues de l'inconscient collectif.

Il est important de se connecter avec les images collectives du monde psychique, mais il est tout aussi nécessaire de ne pas s'identifier complètement à elles et de garder une assise et un recul. Sans ce recul, un sentiment d'euphorie et de toute-puissance peut s'amplifier chez le sujet et entraîner une volonté de domination ou bien un flottement et un manque de différenciation entre le moi et le monde.

La part psychique inconsciente personnelle aussi bien que collective constitue la partie la plus importante de notre psyché. Ces forces qui nous dépassent et impriment le mouvement émotionnel de nos vies nous rendent fragiles ou forts selon notre capacité à les intégrer ou non à notre conscient. Si nous méconnaissons notre part inconsciente ou si nous la rejetons, nous pouvons en devenir le jouet et augmenter notre fragilité.

Ce surmoi qui nous juge...

À partir d'environ cinq ans, les règles commencent à vraiment s'intérioriser : c'est la formation du surmoi, directement issu de l'éducation reçue et de l'intégration de la loi symbolique. Ce surmoi conscient permet de se mouvoir dans le réel, parmi les humains, de calmer les élans dévastateurs ou exigeants du ça, en organisant les autorisations et les interdictions, constituant des repères pour modéliser les actions.

Le moi, interface entre l'intériorité et l'extérieur, pourra compter sur ce surmoi pour le guider dans son adaptation au monde environnant.

À côté du surmoi civilisateur (le surmoi-conscience) apparaît parfois un « surmoi tyrannique » siégeant dans l'inconscient et imposant une loi d'airain, plus dure et surtout plus perverse que les lois régissant la vie des hommes. Celui-là pousse à l'action tout en interdisant, juge, condamne, édicte ses lois, nomme ce qui est bien ou mal de façon autoritaire, cruelle, sans souci d'adaptation au réel. Il possède trois fonctions, trois rôles contradictoires et impérieux : commandement, condamnation, inhibition.

> « Les excès du surmoi tyrannique : il condamne (interdiction démesurée), il commande (exhortation démesurée), il inhibe (protection démesurée).[1]

Le surmoi en excès pousse le moi dans des actes pour accéder à la jouissance et condamne ensuite ce même moi à la punition la plus sévère, inhibant au final tellement le pauvre moi que celui-ci ne peut plus rien faire sans ressentir une énorme culpabilité.

Ce surmoi puissant, et donc inhibiteur, se construit en dehors des nécessités adaptatives et laisse le moi dans le flou, limite son expression et son existence.

D'où provient le surmoi tyran ?

Le surmoi tyrannique est l'héritier, selon le psychanalyste Juan David Nasio, d'un trauma primitif.

L'interdit normal est dit, formulé, expliqué, amené, rendu accessible par la parole et le sentiment de ce qui est juste, tempérant, constructeur.

L'interdit constituant le trauma primitif est brutal, vociférateur, inexpliqué, définitif, coupant irrémédiablement. Il sanctionne et sectionne l'élan de vie. Il est sans appel et laisse

1. *Enseignement des 7 concepts cruciaux de la psychanalyse*, Juan David Nasio, éditions Rivages, 1989, page 202.

le moi exsangue. Le trauma primitif est un coup porté à la vie psychique.

Une culpabilité impossible à comprendre, refoulée, se met alors à errer dans l'inconscient, s'accrochant partout, se glissant dans la moindre action, la moindre respiration, collante et adhérente.

Sans trauma, une bonne résistance au retour du refoulé à la conscience devra se mettre en place, pour assurer le moi dans son intégrité, sa cohérence, sa bonne relation à l'extérieur et son adaptabilité. Mais une certaine tolérance et la connaissance des mouvements sous-jacents permettent de ne pas brider à l'extrême l'inconscient, car plus ce dernier est réprimé dans son expression, puis il demandera à exister au dehors.

La souffrance psychique est l'indicateur d'une faille dans le système de défense, soit par son inefficacité (il laisse trop de refoulé s'exprimer, rendant la vie difficile, et alors nous devons lutter contre une intériorité non-contenue), soit par trop de rigueur (il étouffe toute expression du moi, aliénant celui-ci avec des règles culpabilisantes et contraignantes).

> « L'être humain tombe malade en raison du conflit entre les revendications de la vie pulsionnelle et la résistance qui s'élève en lui contre elles.[1]

Le moi cherche à éviter la souffrance en créant un symptôme répondant à cette demande pulsionnelle du ça, à cette tentative de retour du refoulé. Le symptôme est une réponse raccourcie et qui a tendance à se répéter pour sortir de la souffrance. Le symptôme est un résidu du refoulé. Il masque la pulsion interdite, tout en lui permettant une satisfaction, qui en est le bénéfice secondaire. Il est la réponse du moi pour maintenir son équilibre et tenter de contenir en-dehors

1. *Nouvelles conférences d'introduction à la psychanalyse*, Sigmund Freud, éditions Gallimard, NRF, 2006, page 81.

du conscient ce qui serait vécu comme très douloureux ou comme une remise en question trop bouleversante. Tout ce mécanisme est inconscient.

★ Edmond, huit ans, souffre de migraines insomniaques depuis environ un an. Ce symptôme est apparu suite à une violente dispute de ses parents dont il a été témoin. Dans son imaginaire d'enfant apeuré, il a cru que son père allait réellement tuer sa mère. À partir de ce jour-là, dans son inconscient, s'est logée l'exigence suivante : tu ne dormiras pas, afin d'être prêt à sauver ta mère s'il lui arrivait quelque chose. Cette peur n'ayant pas été dite, il reste sur sa croyance en une issue fatale en cas de dispute, et sur l'idée qu'il sera le sauveur de sa mère. Il se place ainsi sur le terrain du couple parental, endosse un rôle qui n'est plus celui de l'enfant, se place, fantasmatiquement, en séparateur du couple. La prise de conscience serait insupportable pour le moi. En somme, ce moi, prisonnier entre le ça fantasmatique (qui a très peur d'une scène primitive fatale) et la réalité (qui exige d'être à sa place d'enfant, sans quoi le père – le surmoi – serait très mécontent, castrateur), n'a d'autre issue que de créer un symptôme : la migraine, qui le tient éveillé la nuit « au cas où », qui oblige sa mère à venir s'occuper de lui, qui mobilise l'attention du couple parental, suscite l'inquiétude du père (éloignant son courroux contre l'idée terrible qui consiste à l'imaginer en tueur de sa propre femme)...

Tout est bien ficelé, mais sans un travail d'élucidation, le symptôme risque de s'installer durablement. Tant qu'il n'est pas dit, le symptôme perdure. S'il est découvert, la peur et le désir sous-jacents peuvent s'exprimer, et le psychisme s'apaise.

L'adaptation au réel

Ainsi se construit l'identité, en franchissant des étapes, qui sont autant d'apprentissages du réel et d'adaptations au monde extérieur, dans un équilibre difficile à trouver avec l'intériorité et les sensations issues du monde pulsionnel.

Les premières relations avec l'entourage très proche sont constituées d'interactions visant à éduquer pour devenir adulte. Est alors géré le rapport à la frustration et à la satisfaction, selon des règles où rigidité et souplesse s'entrecroisent de façon complexe et différente selon les valeurs culturelles. Au sein de cet imbroglio s'arc-boutent les projections, la plupart du temps inconscientes, des acteurs de cette éducation : en premier lieu les parents, mais pas seulement.

L'enfant est pris, relié, intégré dans une complexité d'échanges et de symboliques très fortes. Il entend les attentes et cherche très vite à répondre ou ne pas répondre à ces dernières ou à les rejeter. Il a son « non » à dire.

Les valeurs, l'imaginaire, les désirs présents autour de lui, projetés sur lui s'implantent en lui.

Ce qu'on veut pour lui, ce qu'on espère, ce qu'on stimule, ce qu'on ne voit pas, ce qu'on ne comprend pas, ce qu'on comprend : tout fera de lui un être à part, unique.

Ce qui est dit, le rapport aux mots (le verbal), ce qui n'est pas dit (le non-verbal), le conscient, l'inconscient s'imprègnent en une intrication complexe.

Chacun est soumis à un certain degré de soutien, d'encouragements, de valorisation et également à un dosage d'indifférence, de négligence, d'incompréhension de la part de son entourage.

Tout adulte a calculé la mesure de ce qu'il aurait aimé ou aurait dû recevoir et évalue le rapport entre cette mesure étalon et ce qu'il estime avoir eu ou pas en réalité. Cette comparaison généralement apporte son lot de frustrations, de regrets, d'amertume, voire de colère ou de culpabilité... C'est un excès ou un manque, qui caractérise bon nombre de fonctionnements affectifs ultérieurs.

Cependant, l'enfant intriqué porte en lui une trajectoire et les exigences de son moi : la sauvegarde de son intégrité, l'apaisement du niveau de tension, la loyauté, la protection de son psychisme, la formidable soif d'échanges avec l'extérieur – et les peurs qui en résultent –, tout en ayant pour impératif l'adaptation à ce qu'on exige de lui en tant que futur homme ou future femme.

Et ce réel qu'il doit intégrer, intérioriser et mettre à distance tour à tour, ce réel qu'il interprète ou qu'il ne voit pas, qui l'assaille ou qu'il fuit n'en finit pas de lui poser question, tout au long de sa vie.

★ Émilie : « Enfant, j'avais une grande propension à m'échapper dans le rêve et l'imaginaire, je me construisais des univers que je partageais parfois avec certains amis, et cela m'occupait beaucoup. Au point que mes parents s'en inquiétaient, car j'étais assez peu impliquée dans les préoccupations concrètes ou les tâches scolaires, sauf lorsque celles-ci demandaient de l'initiative et de l'imagination. Dans ce cas, j'excellais. J'ai eu beaucoup de difficulté ensuite à m'intégrer dans le monde du travail, rien ne m'intéressait vraiment, je voguais sans objectif, sans investissement, une frêle embarcation sur l'océan du monde de l'entreprise ! Jusqu'à ce que je décide de faire une formation dans un domaine artistique, ce qui a été pour moi une révélation. Je peux créer à partir de ce que je ressens et relier la compétence réelle à mon imaginaire foisonnant, ce qui le canalise. Et je me sens bien ainsi. »

Chacun a sa façon de se connecter au réel, il faut la trouver. Il n'existe pas une recette unique applicable à tous.

Organisation et désorganisation du désir

Qu'est-ce que le désir ?

C'est une énergie, une force vitale, qui vient de l'intérieur. Propulsée à l'extérieur, elle amène à se projeter vers le futur, donne des ailes pour agir, pour aller vers le monde. C'est notre force de vie.

Paradoxalement, cette énergie est aussi constitutive de notre fragilité.

Sans organisation, en effet, sans compréhension, elle est source de souffrance.

Elle l'est en raison de sa force : le désir naît du monde pulsionnel et ne peut se satisfaire comme tel, car il se heurte à la réalité extérieure, qui perturbe sa jouissance. Cette réalité, quand on s'y confronte, amène son lot de peurs.

Nos désirs sont contrebalancés par nos peurs.

La synthèse de ces deux éléments, peurs et désirs face au réel, compose nos actions, c'est-à-dire notre rapport au monde.

Si la peur est supérieure au désir et l'étouffe, aucune action ne sera possible.

Si le désir n'est pas contenu et amendé par la conscience du réel, qui le freine, lui donne forme et le rend possible, il aboutit à une décharge pulsionnelle immature et chaotique.

Ainsi, le désir et la réalité s'assemblent en une synthèse. C'est ce compromis qui nous permet de nous socialiser, de nous humaniser, de construire notre vie.

La formation du désir

Dès l'enfance, le moi apprend à canaliser la virulence de ses ressentis. Avant que tous ses élans soient organisés, la violence de ce que l'enfant vit au fond de lui, soumis à un pulsionnel exigeant, ne peut être traduisible en actes, au risque d'être destructeur, source de culpabilité énorme.

Le désir a besoin d'être parlé, compris, entendu par un autre. Le désir s'émancipe de la violence grâce au langage. Il est alors mis à distance, observé ; son expression est rendue possible, partagée.

> “ Le désir, ça sourd de l'intérieur, et c'est inexorablement appelé à s'exprimer à l'extérieur.[1]

1. *Tout est langage*, Françoise Dolto, éditions Le Livre de poche, 1987, page 93.

Quand le désir ne s'organise pas

Le désir peut connaître des difficultés d'organisation, aux prises avec des influences, des interdits, des contradictions, des empêchements, des dénis.

Le destin du désir, lorsqu'il ne s'épanouit pas dans un contexte favorable, peut amener à deux écueils :

1) Le désir peut s'étioler, voire s'éteindre, du moins en apparence, parce qu'il se trouve bloqué, empêché, soumis à une grande inhibition (après un vécu traumatique, par exemple, ou de grandes peurs). Or, sans désir, le monde paraît terne, et l'appétence pour la vie diminue, aboutissant aux pathologies dépressives, où le désir, flamme vacillante, s'émousse, entraînant un retrait du monde, une baisse d'énergie.

2) Il peut être impérieux, ingérable, car soumis à une force de répétition incoercible, contraignante. Le désir est sans cesse à satisfaire, jamais assouvi. Il mène à des comportements compulsionnels, des addictions parfois dangereuses.

Dans ces deux cas, l'individu se confronte au vide : il le fuit sans cesse ou y plonge sans retenue. Parfois les deux coexistent, ce qui conduit à des périodes successives d'euphorie et de dépression et génère une somme de frustrations qui aboutissent finalement à la non-jouissance à vivre.

★ Lionel : « Je me suis rendu compte que je me comportais de façon addictive dans plusieurs domaines de ma vie. Par exemple, je consacrais presque tout mon temps libre à Internet, ne pouvant me passer des jeux, achats et réseaux sociaux. Subrepticement, cette cyber-connexion a pris une énorme place dans ma vie, au détriment de mon couple qui, lui, s'est appauvri. Ma prise de conscience m'a obligé à me demander pourquoi j'avais cette tendance à vouloir m'échapper du réel jusqu'à dépasser la limite du supportable pour mon entourage. Qu'est-ce qui, dans ma vie, n'était pas en adéquation avec mes

désirs fondamentaux ? Beaucoup d'interrogations m'ont amené à remettre en cause un certain nombre de mes choix. Dans un travail thérapeutique, après avoir exprimé ce qui était de l'ordre des peurs et ce que je peinais à affronter, j'ai dû réapprendre à vivre sans mes addictions et en me recentrant sur l'essentiel. »
Lionel a compris que deux éléments de sa vie s'étaient combinés pour le fragiliser à outrance, provoquant des angoisses et l'amenant à fuir : d'une part, des responsabilités très lourdes au niveau professionnel face auxquelles il ne se sentait pas prêt, sans pouvoir se l'avouer. D'autre part, la maladie de son père, dont il niait la gravité et l'impact sur lui. Il a pu envisager son parcours professionnel autrement et se libérer d'une trop grande pression sur ce plan, mais aussi dialoguer pour la première fois avec son père, avec lequel la relation n'avait pas été facile. Sa vie en a été soulagée.

Car au-delà de comprendre et d'exprimer les peurs qui ont conduit à la fuite dans les addictions, un apprentissage doit s'ensuivre, destiné à réorganiser ses investissements de façon à se recentrer, retrouver des liens avec son vrai désir et sa vie, laissée en état de « flottement ».

Le désir, au sens le plus large possible, mû par la force de vie qui est en nous, fluctue, évolue en fonction du temps, des événements de la vie. Il s'organise, il se transforme avec les vécus. Il n'est pas toujours le même. Le désir est à organiser, à canaliser, à orienter, à compléter dans le rapport au réel. Il est à nourrir, aussi, à réactiver parfois, à définir, à exprimer.

Qui peut répondre à la question : quel est mon désir ?

Alors que l'individualité se bâtit, que les parcours se singularisent, la question du désir se pose avec acuité : qu'est-ce que je désire, moi, pour ma vie ? Comment je me façonne, comment je me fabrique moi-même dans une société peu structurante, où la liberté d'être n'a jamais été aussi invitante ?

La question du désir est nouvelle, non-élaborée par les générations précédentes qui, dans l'ensemble, se conformaient à la gestion des désirs telle que la norme sociale l'imposait.

Mais que faisons-nous de cette question : si mon désir n'est pas structuré dans une socialisation contenante, comment puis-je le connaître ? Si les limites de la satisfaction de ce désir sont floues, comment puis-je me construire avec ?

Augmentant la confusion, une sorte d'obligation à jouir de la vie est devenue presque normative, la satisfaction des désirs devient quasi obligatoire. Un devoir de plaisir enferme le désir, libre par essence, dans un carcan d'injonctions à consommer, à être, à se satisfaire.

Alors que renoncer à la satisfaction momentanée d'un désir peut relever d'un choix libérateur.

La célèbre formule nietzschienne « Deviens ce que tu es » dit que le parcours de vie est en réalité un voyage initiatique, destiné à faire émerger ce « quelque chose » en nous qui pourra s'énoncer, se déployer à l'extérieur, dans une adéquation avec son être.

Le corps émotionnel

Le corps parle de ce que nous ne pouvons dire avec les mots. S'il n'y a pas d'extériorisation de la pulsion psychique par une réponse émotionnelle, la résonance a lieu en interne, dans le corps.

Le corps est soumis au stress. Le stress, comme nous l'avons vu, est un état qui permet de faire face aux urgences, aux dangers. Il intervient quand l'action est inhibée, ce qui provoque l'angoisse. L'état d'alerte est décrété. Ceci se passe normalement pour un stress temporaire. Cela permet de mobiliser les ressources nécessaires en cas de besoin. Mais si l'urgence perdure, si l'inhibition de l'action résiste, alors le stress devient permanent. Il va engendrer une baisse des défenses immunitaires et une dépression psychique, avec diminution des désirs. L'énergie se bloque.

Les causes et les effets de l'angoisse

L'angoisse naît de l'impossibilité à agir. Le système nerveux, explique Henri Laborit, neurobiologiste (1914-1995), est fait pour l'action.

Privé de ses possibilités d'action par insuffisance de moyens, privation de liberté, inhibition en raison d'une éducation trop rigide, de croyances ou de préjugés limitants, mis en situation d'enfermement, d'échec, de dévalorisation, etc. l'homme va lutter contre l'angoisse par l'agressivité. Cette agressivité ne reculera devant rien, comme nous le voyons si souvent.

Une étude du comportement face au stress, réalisée par Henri Laborit avec des rats de laboratoire, montre que la tension est supportable si on dispose d'une alternative, d'une possibilité d'agir : fuir, notamment. Il est surmontable aussi, sans effet trop délétère, si un autre, un congénère, se trouve présent et peut être agressé.
Le sujet subit par contre les effets nocifs de l'angoisse et devient malade, déprimé, s'il ne peut ni s'échapper ni reporter son agressivité sur quelqu'un.

Une seule énergie circule dans le corps et le psychisme. Si l'un déprime, l'autre aussi. Si l'un retrouve vie et sourire, l'autre aussi. Nous savons tous à quel point cela est vrai, au quotidien.

Le corps porte la mémoire de tous les vécus depuis sa naissance. Même ceux qui ont précédé le langage (la toute petite enfance, depuis la naissance) sont enregistrés.

Cette mémoire du corps est utilisée en psychothérapie, où la réminiscence émotionnelle a sa place, pour permettre la catharsis : l'expulsion de l'énergie négative bloquée.

> « L'évocation d'un souvenir recrée donc les manifestations physiques qui lui sont associées et, en retour, des expériences physiques particulières peuvent déclencher la remémoration d'un souvenir précis.[1]

En cela, le corps ne peut mentir. Il est porteur d'une connaissance intérieure qui n'oublie pas. Sujet à l'entropie, c'est-à-dire au changement dû à l'augmentation de la complexité, donc au vieillissement, il contient également en lui les capacités de se régénérer, de guérir. Il est l'atout par lequel s'expriment notre être profond, notre vision de la vie et notre avenir. Il transporte également notre passé.

1. *La Solution intérieure*, Thierry Janssen, éditions Fayard, 2008, page 164.

Cependant, une partie importante de son fonctionnement échappe à notre volonté et à notre conscient. Elle est gérée par le système nerveux autonome, qui régule les fonctions automatiques : digestion, respiration, action du muscle cardiaque, des muscles lisses, des glandes, maintien de l'homéostasie interne de l'organisme.

Celui-ci est lui-même double, équilibre entre les systèmes sympathique et parasympathique, avec des neurotransmetteurs spécifiques à chacun et antagonistes.

Une autre partie du système nerveux est consciente et participe au fonctionnement volontaire du corps dans ses relations avec l'extérieur et ses mouvements.

Ainsi, le corps est un lieu d'échanges internes et externes.

Par le corps, inconsciemment, hors de notre contrôle, nous émettons des signaux et envoyons des messages, captons des énergies, ressentons, aimons, vibrons. Notre corps, interface entre nous et les autres et entre nous et nous, au passé, au présent, nous permet de nous projeter vers le futur.

Le corps protège son intégrité et l'intégrité du moi : « Je n'accepte que ce que j'ai décidé d'accepter. Je ne subis pas les violences qui entraînent une perte d'identité, une perte des contours de ma psyché, de ma personnalité intègre et autonome. »

Les blessures psychiques ont leur trace dans le corps, bien identifiables.

Le corps pris dans cet ensemble d'échanges devient passage symbolique, messager, langage.

Les émotions d'un tout-petit ne sont pas verbalisées, ni conceptualisées. Le ressenti est une expérience pure, entière, totale, synesthésique, corporelle. La peur, par exemple, se traduira par une tension de tout le corps.

« On sait que les bébés réagissent corporellement à la peur ou à la sensation d'abandon. Les structures psychiques se sont d'abord construites à partir des réactions psychophysiologiques.[1]

Différents états biologiques, les successions de rythmes, tout un ensemble de sensations corporelles intérieures habitent le bébé. La symbolisation intervient plus tard :

« Penser et fantasmer ne sont possibles qu'avec l'émergence de la capacité à symboliser. Celle-ci intervient après les dix-huit mois.[2]

La naissance du symbolique passe par une stimulation de l'entourage, dans une enveloppe relationnelle suffisamment contenante et soutenante. Pour être dépassée puis symbolisée, l'émotion a besoin de soutien, de miroir, de tendresse rassurante.

« C'est grâce à cette relation que le bébé apprend à identifier son corps de manière abstraite et à transformer et traduire ses sensations physiques en sentiments reconnus et en idées.[3]

Petit à petit, le corps et le psychisme s'individualisent. Progressivement, l'expérience corporelle sera interprétée de façon consciente, traduite avec des mots, reconnue, appréhendée psychiquement.

C'est dans l'échange verbal et affectif que vont se produire ces mouvements du corps au psychisme. C'est par le lien d'amour et l'effet miroir que vont se transmettre les outils de compréhension psychique, la reconnaissance de soi et de l'autre.

1. *La Psyché du corps,* Denise Gimenez-Ramos, éditions Dervy, collection Chemins de l'Harmonie, 2013, page 52.
2. *Ibid.*, page 53.
3. *Ibid.*, page 54.

La capacité à symboliser est profondément humaine, liée à la relation de confiance parentale, fondée par les expériences et les sensations corporelles.

Le langage, lien entre le psychique, le symbolique et le corps, reflète la complexité relationnelle dans laquelle nous sommes totalement intriqués.

Nous considérons notre corps comme un sanctuaire, qui doit échapper au poids, à la vieillesse, au relâchement des tissus. Notre inquiétude à son sujet trahit notre profonde incertitude et notre difficulté à accepter sa finitude, sa fragilité, ce qui nous échappe. C'est ainsi que le corps se médicalise.

Le corps-santé ou le corps bien-être : l'auto-mesure de soi

Des capteurs placés sur le corps, reliés à un smartphone ou directement à des plates-formes internet, mesurent des données corporelles de plus en plus poussées pour connaître les performances physiques. Le corps est mesuré, surveillé par des appareils toujours plus précis, destinés à mettre en chiffres son niveau de résistance, sa consommation énergétique, ses rythmes... Les mesures font l'objet d'un partage, d'une évaluation dans le temps. Le *quantified self* ou l'auto-mesure de soi est le nom donné à cette pratique apparue en Californie, en 2007, au départ pour suivre des problèmes de santé ou des performances sportives, et dont l'usage se répand pour le bien-être. On peut ainsi mesurer son état cardiovasculaire, sa consommation d'oxygène, son poids, sa consommation d'alcool, son humeur, et même la qualité de sa relation de couple, etc. La diffusion des mesures et le partage d'objectifs avec d'autres font parfois partie du jeu.

Comment être un sujet libre si le corps est muselé, enserré par des objectifs chiffrés normatifs, exploré dans ses moindres recoins ?

Est-ce que l'être ne se réduit pas, dans ce cas, à une performance, à un objectif narcissique de productivité ?

Cette recherche de bien-être ne contredit-elle pas l'exigence de liberté d'être ?

Cette auto-surveillance organisée n'est-elle pas la projection d'un surmoi sévère et omniprésent, punisseur par autodévaluation (je n'ai pas réussi mon objectif), sans états d'âme, inhibiteur, instance observatrice ne laissant jamais le moi en paix ? « Je te surveille, je suis toujours là, imperturbable, chiffres à l'appui. »

★ Sofiane : « Je me suis enfermé dans une série de rites sportifs jalonnés de performances à atteindre, que j'augmente de jour en jour. J'ai réglé mon alimentation pour faire de mon corps un outil plus performant. Je passe beaucoup de temps à maintenir ainsi ma forme physique au niveau le plus haut, que je cherche toujours à élever. Ceci me convenait bien, mais je me suis aperçu que cela tournait un peu trop à l'obsession. Je me suis rendu compte que mon entourage me trouvait un peu lourd avec mes rythmes effrénés et mes préoccupations obsessionnelles. »

Les autres et « Je »

Les échanges

Les échanges nous définissent, nous rendent heureux ou nous rendent parfois la vie dure. Ils nous fragilisent, nous réconfortent ou nous blessent mais nous sont indispensables.

L'échange est le fondement de la vie, son essence. Il y a interaction, influence réciproque, liens, résonance, où que l'on se tourne ! Dans l'échange, chacun des interlocuteurs, aussi nombreux ces derniers soient-ils, est modifié par les autres et modifie à son tour. Un courant domine, puis diminue et un autre arrive.

La complexité des échanges neuronaux nous donne une idée de ce qui peut bien nous animer et surtout de la fluidité, de la labilité de notre fonctionnement :

> « Cent milliards de neurones, dix mille connexions par neurone, un million de milliards de connexions parcourues d'influx électriques à la vitesse vertigineuse de trois cents kilomètres à l'heure : l'immense réseau cérébral est le siège de remaniements constants.[1]

Ces échanges montrent à quel point nous sommes liés donc sensibles à l'extérieur, à notre environnement.

Nos psychismes sont entièrement insérés dans la société des humains. Les influences de nos environnements sociaux,

1. *La Solution intérieure,* Thierry Janssen, éditions Fayard, 2008, page 91.

notre position sur l'échelle sociale, les valeurs qui fondent nos groupes nous fabriquent tels que nous sommes, avec nos adaptés, nos déviants, nos névrosés. Nous sommes immergés dans une société, dont les excès, les faillites, les évolutions, les réussites aussi constituent un miroir reflétant nos illusions et nos insatisfactions.

La fragilité prend une forme différente selon l'environnement social.

L'état amoureux

Rien de plus fragilisant que l'état amoureux. L'amour naît du trouble, de l'inquiétude, du désir que l'autre nous aime et de l'incertitude, de l'impossibilité de le savoir, de l'affirmer.

L'amour de l'autre ne peut être maîtrisé.

L'expérience d'être amoureux nous rend humble, humain, nous fait toucher du doigt notre fragilité, nous fait oublier notre fierté. Elle nous rend plus proche de notre mort. De notre destruction. De notre désir de sauvegarde...

Nous voulons, nous espérons, nous cherchons désespérément à échapper à l'oubli chez l'autre. Que cet autre pense à nous. Pense essentiellement à nous. Pense toujours à nous. Et nous le montre, nous le prouve, nous le dise.

C'est donc à la fois un orgueil et une grande humilité qui président à l'amour. Comment pouvons-nous prétendre être le point d'attraction unique d'un autre ? En même temps, tout nous rappelle la précarité de ce désir, sa possibilité de non-satisfaction. Nous ne pouvons qu'être humbles face à cette incertitude.

Être amoureux est le plus grand risque narcissique à prendre. C'est un don de soi.

Être amoureux est plaisir et souffrance mêlés. Indissociables.

La violence est inséparable de l'amour. Violence du sentiment, qui occupe tout, qui rend aveugle. Force de la possibilité d'abandon, de la fin de l'amour. Violence de l'envie de posséder, impossibilité de le faire.

“Tu me tues. Tu me fais du bien.[1]

★ Rebecca : « J'ai été prise d'une violente passion pour un homme, une passion dévorante, qui m'a vidée de toute mon énergie. Notre relation a duré quelques mois, et durant cette période, tout dans ma vie a été déterminé par le rythme de nos rencontres, nos échanges. Je ne pouvais penser à rien d'autre, tout le reste paraissait terne et sans intérêt ou presque. Je négligeais tout le reste, y compris le plus important. Cette passion m'a en même temps révélé une part de moi-même dont j'ignorais tout. Je n'ai jamais été aussi heureuse. Et jamais été aussi malheureuse que lorsque nous nous sommes quittés. Cet homme a totalement disparu de ma vie, du jour au lendemain. Nous ne nous sommes jamais revus. J'ai été totalement désemparée. J'ai espéré follement le revoir. Il m'a fallu beaucoup de temps pour enfin admettre que notre histoire passionnelle était terminée. J'ai repris petit à petit le fil de ma vie, j'ai renoncé à espérer pour me retrouver. J'ai fini par y parvenir, non sans mal. »

Notre modèle de performance et nous

Le modèle de performance rend parfois aveugle aux fondements essentiels de la vie et à la conscience de la finitude.

L'individu des sociétés contemporaines est un être délié, informé, seul et libre. Ce programme inédit qui lui est dévolu est générateur d'un taux d'anxiété extrême.

Ainsi se doit-il d'être le meilleur partout : à l'école et aux concours, pour se retrouver ensuite aux meilleurs postes dans la vie professionnelle. La question de son épanouissement personnel ne se pose parfois même pas.

1. *Hiroshima mon amour*, Marguerite Duras, éditions Gallimard, collection Folio, 1972, page 115.

L'individu contemporain a de multiples occasions d'oublier son destin, de passer à côté de son existence, de se fondre dans la masse, de vivre une vie de contraintes où il se néglige en tant qu'être.

Lui sont offertes également, et en abondance, les nombreuses tentations destinées à l'aider à gérer ses frustrations.

Il ne s'agit pas de se battre pour quelque chose, mais plutôt de lutter contre ! Contre les excès, contre la nourriture, contre la cigarette, contre les heures passées devant un écran, contre l'alcool, contre les excitants, contre les tranquillisants, contre l'addiction aux jeux, contre les achats compulsifs.

Car nous devons nous battre contre les conséquences de nos excès en tous genres : contre le stress, contre l'hyperactivité, contre l'obésité, contre le surpoids, contre le cholestérol, contre l'insomnie, contre l'angoisse, contre la déprime, contre la panique, contre le gaspillage, contre la surcharge de travail, contre le manque de travail… et aussi contre l'éparpillement, contre la distraction qui détourne de l'essentiel, etc.

Pour lutter contre, le sujet informé, désireux de mieux faire, de ne pas se laisser happer par ce qui le détruit, va affronter ses démons intérieurs et cheminer vers sa construction. En témoignent quelques titres en vogue dans les médias du développement personnel :

« Libérer ma sensualité »
« Pourquoi la faim ? »
« Le bonheur, c'est quoi ? »
« Qu'est-ce qui est bon pour moi ? »
« Pour une santé à toute épreuve »
« Retrouver l'harmonie en soi »
« Comment se comporter face à une agression verbale »
« Rebooster la vie sexuelle de mon couple », etc.

Le modèle de réussite nous emporte vers toujours plus de contrôle, toujours plus de bonheur, toujours plus de jouissance, mais pas trop, car les excès nous rongent. Ils nous rendent inopérants à l'œuvre de notre propre bonheur. Et coupables de ne pas bien faire, contrairement à celui ou celle, figure admirée, qui maîtrise sa vie, son poids, sa forme, sa spiritualité, son âge, sa santé mentale et physique…

★ Thierry : « J'ai longtemps comparé ma vie à ce que je lisais dans les revues, aux modèles qui me fascinaient. J'ai réussi à monter dans la hiérarchie professionnelle, j'ai bien gagné ma vie, j'avais femme et enfants mis à l'abri du besoin. Tout se passait bien, comme on m'avait appris, et je me pensais complètement protégé de tous les échecs et de toutes les difficultés connues par d'autres. Sans que je me l'explique, j'étais cependant souvent insatisfait, de mauvaise humeur, pas très à l'écoute de mon entourage. Moi qui pensais que mes enfants poussaient à merveille, je me suis trouvé confronté à l'un de mes fils, adolescent, qui s'est mis à déraper complètement. Ses comportements déviants ont fini par m'alarmer. S'en sont suivies de violentes disputes entre lui, soutenu par ma femme, et moi. J'étais en porte-à-faux, accusé de ne rien comprendre, de ne jamais être présent, de ne penser qu'à l'argent. Ce tableau me correspondait si peu que j'ai eu peur. J'ai alors changé du tout au tout. J'ai décidé de regarder ce qui se passait autour de moi et de m'y intéresser de près, de me sentir concerné. Ma peur a été salutaire. Elle m'a permis de me réveiller d'une longue torpeur et d'une erreur : la vie ne correspond pas à une belle image. Elle est ailleurs. »

En somme, nous avons beaucoup de difficulté à nous sentir libres. Prisonniers de la rigidité des apprentissages, du devoir à accomplir, nous blindons nos corps, nos comportements, pour survivre à notre stress.

Pour ne pas nous adonner à une liberté très effrayante, une forme de carapace nous tient lieu de colonne vertébrale, afin de limiter artificiellement nos peurs.

Les difficultés à être soi

S'il ne canalise pas sa vie par une ossature sociale nettement posée, l'individu aux prises avec lui-même, entièrement responsable de sa vie et en perpétuel combat « contre », se fatigue. Il perd ses forces, son entrain, sa joie de vivre, car il est sans cesse dans sa volonté de puissance. Il s'épuise et devient dépressif.

> « La dépression incarne alors non seulement la passion d'être soi, et la difficulté à l'être, mais également l'exigence d'initiative et la difficulté à l'assurer.[1]

Alors, pour éviter à tout prix les angoisses de vivre qui l'empêchent de rester performant, cet individu s'adonne aux comportements hyperactifs plus ou moins destructeurs.

Les troubles de l'humeur sont représentatifs des pathologies des sociétés contemporaines, passant de l'addiction, la compulsion, l'hyperactivité, à l'apathie, la fatigue, la baisse d'énergie.

Du plein au vide. De l'excédent au déficit.

★ Anaïs : « Je passe par des phases de grande énergie et d'autres d'abattement. Ceci est favorisé par mon travail, constitué de périodes alternées d'activité et de creux. Pendant les moments d'énergie, j'en profite pour entamer un tas de choses, je vis à cent à l'heure, je sors beaucoup. Durant les épisodes de calme, je déprime un peu, je vois moins de monde, je reste chez moi. Mes instabilités sont chroniques, j'ai appris à les gérer. Mais j'ai l'impression d'être soumise à un rythme qui m'échappe complètement et de ne pas être aux commandes de mes états émotionnels. Les descentes sont de plus en plus profondes, et les remontées de plus en plus extrêmes. Je me sens un peu trop secouée par ces différences d'humeur. »

1. *La Fatigue d'être soi. Dépression et société*, Alain Ehrenberg, éditions Odile Jacob, 2000, page 212.

L'individu dans la volonté de maîtrise de sa vie ne souhaite ressembler qu'à lui-même, ne veut entrer dans aucune catégorie, désire n'avoir aucun maître, ne se fondre dans aucune histoire collective. Dans cette posture, il n'est rattaché à rien, sans fil, sans tenue. Il risque de glisser au moindre faux pas.

« En somme, n'est-il pas à craindre que l'individu qui ne ressemble qu'à lui-même ne puisse plus habiter aucune case légitimement ?[1]

Si l'on ne tire sa légitimité que de son seul désir, l'isolement est assuré. Car nous sommes surtout des êtres sociaux, nous avons besoin du regard d'autrui, de la reconnaissance sociale pour exister.

Nos contradictions

Nous naviguons entre des contradictions insolubles, ne voulant pas renoncer – ou le moins possible – aux avantages de chaque situation : nous voulons être les maîtres de nos vies et dépendons des liens de toutes sortes, nous avons envie de confort et de sécurité, mais refusons le conformisme et les contraintes ; nous désirons la sobriété et nous jetons dans la course à la consommation ; nous nous soucions d'humanisme et craignons le sans-domicile-fixe en bas de la rue…

La contradiction est pleine et entière. Nos aspirations et nos goûts ne vont pas de pair.

Les sollicitations nombreuses et la massification des événements nous offrent tous les possibles. Or, ces possibles sont aussi notre aliénation, en raison de notre volonté de maîtriser l'immaîtrisable.

1. *Le Sentiment d'imposture,* Belinda Cannone, éditions Calmann-Lévy, 2005, p. 89.

Notre volonté a du mal à s'exercer, a du mal à exprimer un désir qui s'individualise difficilement dans un ensemble de possibles indistincts et astructurés.

Nous sommes enserrés dans les sensibilités d'une société extrêmement changeante qui, en même temps, s'arc-boute sur des acquis de moins en moins pérennes.

La fragilité de nos structures sociales

> « Savourons un moment le triomphe au Capitole sans oublier la phrase que l'esclave murmurait aux généraux vainqueurs : "Souviens-toi que tu es mortel." Dans la fragilité humaine et dans le succès de cette grande entreprise, dans cette heure apaisée et heureuse, tâchons de léguer au futur la source d'inspiration que nous puisons dans l'immortel passé.[1]

Dans ce discours fondateur, le rappel de la fragilité humaine est significatif de la portée de l'inquiétude quant à la pérennité de la paix si durement acquise. Il fait écho à notre propre « intranquillité », à la complexité de nos structures émanant d'un passé lourd et belliqueux, plein de drames collectifs qui ont marqué à jamais nos destins.

Après une période faste consécutive à leur constitution, les institutions (école, hôpital public), les systèmes organisationnels de solidarité (assurance maladie, retraite, chômage) créés dans le monde occidental apparaissent d'une précarité et d'une faiblesse imprévues.

Les systèmes protecteurs de la personne lors des périodes délicates de la vie, basés sur les valeurs humanitaires partagées (la solidarité envers les démunis, l'enseignement pour tous les enfants, la maladie assumée socialement, la retraite après une vie de travail), sont plus ou moins remis en question.

1. Discours de Paul-Henri Spaak, ministre des Affaires étrangères de Belgique, à l'occasion de la signature du Traité de Rome instituant la communauté européenne (Rome, 25 mars 1957).

L'organisation sociale moins solidaire laisse l'homme plus libre et davantage seul.

Les institutions mondiales sont elles aussi fragiles, voire fragilisantes. Elles ne jouent plus leur rôle de soutien, sont dévalorisées. Les valeurs universelles des droits de l'homme sont reconnues, mais peinent à être appliquées. L'inquiétude quant à la sécurité des groupes humains ou l'avenir de la planète n'est pas politiquement canalisée, les désillusions et les doutes, voire le mépris envers les dirigeants, indiquent la profonde amertume régnante. La quête identitaire individuelle se double d'une incertitude sur l'identité collective, mal assurée, sans stabilité.

Conclusion

L'infinie subtilité des mécanismes humains, les intrications raffinées au sein desquelles se forgent les comportements et les identités ne font que s'entrevoir à travers les descriptions et les mots.

Nous naissons dans une telle condition d'infinie dépendance et de dénuement que tout ce que nous construisons est destiné à nous renforcer, à nous stabiliser, à nous autonomiser, dans le souci constant d'assurer notre place au sein de la communauté.

Y réussissons-nous pleinement ?

Nous portons en nous les traces de nos premières détresses. Nous sommes pour toujours un enfant blessé !

C'est ce combat entre nos fragilités constitutives et nos efforts pour nous hisser vers notre accomplissement qui fait le terreau de notre vie.

La vie psychique est délicate, ambiguë, en mouvement, en changement perpétuel.

Ce système très complexe porte en lui sa fragilité et recèle en même temps le meilleur des potentiels de régénération et d'instinct de vie.

À tout niveau, le fonctionnement humain montre que cette intense complexité implique une tension permanente entre des extrêmes, un équilibre toujours à construire, constamment perdu et retrouvé. D'un côté, s'expriment des tendances à la répétition et à la régression, sources de profondes angoisses et d'incertitudes ; de l'autre, et dans le même temps, des capacités d'ouverture à la nouveauté, à l'inventivité.

J'ai choisi d'illustrer ce propos par quelques exemples d'histoires de fragilités, afin de montrer comment la vulnérabilité existentielle s'exprime dans des itinéraires de vie et comment elle marque la singularité de chaque parcours.

TROISIÈME PARTIE

HISTOIRES DE FRAGILITÉS

« J'acceptais la souffrance,
mais je n'acceptais pas de renoncer. »

Henri Bauchau

Fragilité chronique ou liée à un choc récent ? La fragilité est avant tout une histoire de vie, un chemin unique. Dans ces histoires, on trouve exclusions, mises à l'écart, ruptures brutales, séparations, non-dits, intrusions, secrets, entraînant des douleurs, des désordres, des replis sur soi ou entre soi, des hontes, des deuils difficiles. Quand un rythme n'a pas été entendu, une singularité n'a pu se dire, quand une ombre plane sur un destin… s'installe le questionnement sur soi.

Il n'existe pas de chemin unique menant à la fragilité, c'est plutôt le contraire : des blessures fabriquent une histoire particulière, un vécu complexe au cours duquel des questions se sont posées, où des troubles non-élucidés à la surface finissent embourbés dans un marais.

Les blessures invisibles

Nos blessures les plus profondes sont les plus secrètes, les plus souterraines. Elles se dérobent à nos propres regards parfois, jusqu'à ce que notre vigilance soit interpellée par un signal (un symptôme, une répétition, un mal-être).

Le tremblement

Dans *La Femme qui tremble, Une histoire de mes nerfs*, l'écrivain Siri Hustvedt relate sa recherche, durant de longues années, pour tenter de comprendre les soudains accès de tremblement qui prennent tout son corps pendant quelques minutes, échappant totalement à sa volonté, alors que, par ailleurs, la partie consciente continue à vivre normalement. Le phénomène la laisse dans un grand désarroi, avec l'impression que quelqu'un d'autre vit en elle.

> « Il semblait que quelque force inconnue eût soudain pris possession de mon corps et décidé que j'avais besoin d'une secousse sérieuse et prolongée.[1]

Le phénomène se produit toujours dans des circonstances analogues. Siri Hustvedt décide de décortiquer son histoire et se met en quête d'explications. Elle se met à distance pour s'observer, consulte des spécialistes. Elle parcourt les ouvrages et étudie les descriptions cliniques d'auteurs,

1. *La Femme qui tremble*, Siri Hustvedt, éditions Actes Sud, 2010, page 13.

de neurologues, de psychiatres, de psychanalystes, détaille leurs explications, découvre les cheminements théoriques au cours de l'histoire. Ainsi, elle intègre, associe, construit sa réflexion, et ce voyage est écrit dans son livre comme une enquête, une aventure qui la mène vers différents points de son être : son histoire, sa vie émotionnelle, son vécu biologique. Elle se rend compte alors à quel point ce personnage qui a l'air de vivre en elle fait bel et bien partie d'elle, bien qu'il se situe hors de sa conscience. Elle doit accepter cette présence, qui lui indique un chemin vers elle-même. C'est une source d'enrichissement et de connaissance de soi qui la plonge dans sa mémoire et l'incite à se recentrer sur l'essentiel dorénavant.
Son histoire fait partie d'elle et s'exprime de façon détournée et cryptée. Une part d'elle s'est sentie abandonnée et ne pouvait se laisser anéantir par l'oubli. Ce fut une nécessité vitale pour Siri Hustvedt de raccommoder entre eux ces morceaux éparpillés pour retrouver l'unité de son être.

Les blessures invisibles sont celles dont nous-mêmes n'avons pas conscience. Invisibles à nos propres yeux, elles constituent des points aveugles, qui sont sources de projections inconscientes et erronées de notre part. Tant que nous n'allons pas à leur rencontre, elles trouvent des voies de sortie de l'ombre… à notre insu. Elles nous conduisent dans des directions dont nous nous apercevons un peu tard qu'elles sont incohérentes avec nos véritables accomplissements, voire désastreuses, destructrices ; incompréhensibles, en tout cas.

Le point aveugle

La tache aveugle est cette portion de la rétine qui ne comprend pas de cellules photoréceptrices et ne capte pas la lumière. Traduite psychiquement, c'est une zone enfermée, isolée, cryptée, ignorée, sans lien et sans regard.

Le deuil qui ne se réalise pas, au sens où il ne devient pas réalité, la perte qu'on ne veut pas accepter, la défaite qu'on ne peut pas s'avouer, le déficit narcissique impossible à assimiler amènent le psychisme à produire cette enclave dans le fonctionnement, cette tombe isolée et surtout, intouchable.
On peut nier son existence, car l'objet perdu est enfermé dans le caveau psychique.

> « Le deuil indicible installe à l'intérieur du sujet un caveau secret. (...) Il s'est créé ainsi tout un monde fantasmatique inconscient qui mène une vie séparée et occulte.[1]

Cette négation appelée déni permet à la vie psychique de continuer comme si de rien n'était, en isolant l'élément qui ne peut pas s'intégrer, qui ne sera pas transformé ni assimilé, invisible mais bien présent, lourd et transmissible d'inconscient à inconscient.

En effet, des tendances inconscientes empêchent la prise de connaissance de cet espace psychique isolé. Comme si, par un détournement subtil, il était nécessaire à ce moment-là de vivre sans ce savoir ; comme si ce point aveugle était repoussoir, nous affolait trop. Impossible de le cerner. Il faut du temps pour cela.

Exactement comme dans le cas de Siri Hustvedt, dont le point aveugle était lié à sa relation au père : en effet, le tremblement incoercible lui est arrivé pour la première fois lors d'un discours qu'elle tenait à l'université où son père avait fait carrière, lors d'une commémoration en son souvenir, deux ans et demi après sa mort.
Siri Hustvedt s'aperçoit alors qu'elle a enfoui les émotions vécues à la mort de son père, homme aimé et admiré avec lequel elle avait eu une forte relation et qu'elle avait vu très diminué par la maladie, dans la déchéance physique et dans une agonie longue et dégradante. Faisant face à

1. *L'Écorce et le Noyau*, Nicolas Abraham et Maria Torok, éditions Flammarion, collection Champs essais, 2009, page 266.

l'événement, aussitôt après l'annonce de sa mort, elle a rédigé son éloge funèbre, comme il le lui avait demandé, et l'a prononcé à ses funérailles d'une voix ferme et sans tremblement ni émotion. Elle a pensé qu'elle avait fait le deuil. Il n'en était rien.

« La petite voix dans ma tête allait son chemin narratif, elle poursuivait son discours à sa manière raisonnable, mais mes émotions étaient réduites au silence.[1]

Pour ne pas ressentir la souffrance d'un événement particulièrement douloureux, la personnalité se clive. C'est un mouvement inconscient. Siri Hustvedt se souvient même avec étonnement de sa sérénité à la suite du décès de son père.

C'est ce qu'on appelle « la belle indifférence ». Le véritable ressenti a été refoulé dans toute son intensité. Une étrange absence d'émotions face à ce qui aurait dû provoquer souffrance et douleur. Une absence à soi qui passe inaperçue, une éclipse…

Les émotions couvent en souterrain, pour s'exprimer en « tremblements » dans le corps, détachées, semble-t-il, de tout contexte, comme irréelles, prisonnières d'une Cocotte-Minute en ébullition.

L'inconstruit

★ Raphaëlle : « J'ai longtemps eu très peur des histoires intimes, entamer des relations affectives était trop compliqué pour moi. J'éprouvais des difficultés à me rapprocher d'un autre, j'avais l'impression qu'on allait lire en moi et s'apercevoir que je n'étais pas quelqu'un de bien. Mon manque de confiance intérieure m'apparaissait, ainsi qu'une très grande mésestime de moi, et même une culpabilité pour tout ce que j'étais. Je voulais me cacher la vérité, alors j'avais une vie sociale très riche. J'étais très entourée. Je suis parfaitement à l'aise en société, où je me pose tout de suite comme "celle sur qui on peut compter" et qui s'occupe de tout le monde. La fille bien, dévouée, la confidente. Mais dès qu'il s'agit de moi en profondeur,

1. *La Femme qui tremble*, Siri Hustvedt, éditions Actes Sud, 2010, page 18.

alors là, c'est la peur qui domine, je n'ai plus aucun rôle. Je ne peux pas prendre ce risque. Me sentir à nu, démunie, ce serait trop déstructurant pour moi. »

Apprivoiser cette peur si profonde ne sera pas simple pour Raphaëlle. Comme elle le dit, la carapace sociale, très valorisante, lui a permis de masquer son mal-être intime. Elle n'a donc pas pu affronter cette peur en elle.

Il s'agira pour elle de repasser par sa phase de construction pour comprendre pourquoi et comment elle s'est ainsi mise à distance de sa vie personnelle.

« J'ai dû apprendre à regarder cette peur de très près, pour voir d'où elle me venait. Je me suis construite dans un entourage parental peu structurant, pour lequel j'ai joué le rôle de soutien. J'ai dû m'occuper de beaucoup de choses et gérer mes parents comme s'ils étaient des enfants. »

Raphaëlle a dû suppléer aux insuffisances parentales et s'occuper de sa mère malade, très en demande affective, culpabilisante, peu mature elle-même.

Raphaëlle a pris la seule place qui lui était dévolue : celle de soutien familial, et a joué un rôle d'adulte très tôt, ce qui a court-circuité sa propre construction.

Sa part secrète, fragile, en construction n'a pas pu s'élaborer, se dessiner, se dire. Sa construction personnelle, affective, a été occultée, inhibée, ne recevant jamais d'écho, n'étant jamais sollicitée par son entourage.

La partie intime de l'être peut ainsi être totalement négligée, bafouée et grandir en secret, par le biais de fantasmes – en rêveries. La personnalité imagine ce qu'elle ne peut pas vivre dans la réalité. Les blessures narcissiques sont là aussi, totalement invisibles au regard extérieur.

L'atteinte

Le choc

Vous êtes une personne forte. Quelle personne forte n'a pas ses faiblesses ?

Vous êtes touché, vous souffrez, vous êtes humilié. Une sorte de fêlure apparaît, vous n'êtes plus si certain de vous, vous tremblez. Vous vacillez. Cette force qui vous habitait semble aujourd'hui vous avoir définitivement quitté. Où irez-vous maintenant ? Qu'est-ce qui va vous animer ? Dans quelle solitude allez-vous vous mouvoir ? Même la perspective de la sortie vous échappe. Vous ne voyez qu'un trou noir devant vos pieds. Il s'agit de maintenir les apparences. Mais la détresse, l'envie de tendre une main pour demander de l'aide, le besoin de trouver une main secourable, tout cela, qui vous était étranger, vous assaille. Vous êtes devenu un petit oiseau mouillé et incapable de voler.

Le traumatisme (ou trauma) est perte relationnelle. Abandon, trahison, rejet, incompréhension, injustice, étouffement, non-respect, atteinte agressive à l'intégrité : la violence portée, qu'elle soit physique ou psychique, est une atteinte à la capacité d'autonomie de l'être. Elle crée une insupportable dépendance de la personne violentée, qui se trouve démunie face à celui qui exerce ainsi son pouvoir de destruction et aliénée à lui.

C'est la raison pour laquelle les meurtrissures affectives durent très longtemps et se réparent difficilement.

Le choc entraîne une perte d'identité. Se sentir délié, désinvesti de sa place d'humain parmi les humains. Une grande solitude suit le traumatisme. On est propulsé dans un désert. Comme un animal blessé qui se cache pour lécher sa plaie et attendre...

La brutalité du coup enferme, brise l'élan, déchire le lien et coupe du monde. Le vacillement, le trébuchement qui s'en suivent font monter le vertige. Le réel se disloque soudainement.

« Il peut y avoir de multiples causes au déséquilibre, mais il est fréquent que coups, pertes et privations répétés se manifestent sous forme de problèmes d'identité : le moi et le non-moi, le moi et le ça, le réel et l'irréel.[1]

Cela peut être le fait d'une rupture imposée (voulue ou dictée par la mort), d'une trahison, d'une désertion dans une relation amicale, parentale, amoureuse, ce qui signifie une scission du lien vital constitutif de la relation.

Cette perte d'unité est une perte dans la croyance en l'autre : fausse ou vraie, cette croyance nous fonde, et en faire le deuil se hurle dans la violence du coup.

« Le cri qu'il arrache n'est pas seulement de douleur et de revendication, mais d'étonnement, un étonnement qui révèle une attente, l'attente naïve qui est au cœur de notre âme... et qui est ici brutalement trahie ; c'est donc aussi, en un sens, un cri de deuil.[2]

Le cri de souffrance est une révolte contre l'annulation de ce qui faisait le sens de l'existence.

1. *La Femme qui tremble*, Siri Hustvedt, éditions Actes Sud, 2010, page 112.

2. *Revivre, Éprouver nos blessures et nos ressources,* Frédéric Worms, éditions Flammarion, 2012, page 48.

Face au traumatisme

Comment le psychisme fait-il face au trauma ?

En cas de situation de danger, le psychisme déclenche un mécanisme pour générer le stress nécessaire à la gestion de l'événement. Pour se protéger d'un trauma, le psychisme bloque une partie de ses connexions. Il se met en mode minimum, de survie. Le conscient n'assimile plus rien, à ce moment-là, pour être en mesure de se mobiliser totalement. La peur cristallise tous les sens en une seule visée : la survie.

L'amygdale, petite amande située en profondeur dans le lobe temporal, près de l'hippocampe, est le siège des émotions inconscientes de survie, d'alerte.

Les perceptions sensorielles reçues en cas de danger activent l'amygdale, ce qui permet d'enclencher une suite de réactions hormonales produisant le cortisol, ou hormone du stress, qui entraîne les réponses cardiaques, musculaires et respiratoires destinées à rendre nos comportements adéquats et faire face à la menace.

En un circuit plus long, quand le danger n'est plus imminent, l'amygdale envoie les informations reçues par le système de perception sensitive à l'hippocampe, siège de la mémoire consciente, puis au cortex associatif. Ces échanges permettent ce que l'on appelle la perlaboration, c'est-à-dire la comparaison avec des souvenirs, des événements connus, des raisonnements. En somme, tout le circuit du travail psychique se met en route et continuera ce travail ensuite, pour évacuer, intégrer, assimiler la situation. Le stress, petit à petit, diminuera.

Mais en cas de trauma dû à une agression très violente, intrusive, répétitive ou non, dégradante, incompréhensible, le système cortico-amygdalien décrit ci-dessus est sur-stimulé. En effet, la situation est tellement envahissante et sans référent mémoriel, qu'elle provoque une panique. La vie même de la personne est en danger !

L'état de danger maximum entraîne une suite de mécanismes de stress de survie, qui mettent l'organisme en péril vital.

C'est alors que l'amygdale va se mettre en sourdine, s'anesthésier, pour ne pas provoquer le survoltage, qui risque d'endommager tout le système, en surchauffe à cause de l'extrême violence à laquelle il doit faire face. Le relais vers l'hippocampe s'arrête.

Un traumatisme entraîne donc une sorte de court-circuit des états émotionnels, de façon à protéger la vie du système psychique. Cependant, ce court-circuit producteur d'hormones anesthésiant la douleur allié à la souffrance met le sujet dans un état d'irréalité. Il lui est impossible de réagir, alors même que l'agression continue. La personne est coupée d'elle-même et de ses émotions. Ceci rend les réactions du sujet inadéquates, décalées, comme s'il se soumettait au mal qui lui est fait. Cela sera destructeur par la suite : la personne elle-même ne comprendra pas son propre comportement, qu'elle jugera négativement, ajoutant parfois à sa souffrance un sentiment de honte et de culpabilité de ne pas s'être défendue, par exemple.

L'impact continue à dévorer, mais en sourdine, dans le silence du non-révélé à soi-même. L'anesthésie du circuit provoque une dissociation.

Ainsi ce système de réaction au danger protège-t-il en même temps qu'il détruit. Il protège la vie – en autodétruisant ses possibilités d'échange. Il se place en mode survie et pour cela, il s'isole et coupe toute possibilité d'assimiler quoi que ce soit en plus. Continuer à absorber l'extérieur devient impossible. Se replier, se fermer totalement est nécessaire.

Dès que le sentiment de sécurité revient, l'ouverture à l'extérieur est à nouveau permise.

> **L'ouverture**
>
> L'ouverture est la disposition psychique qui consiste à accepter de ressentir, de connaître, d'écouter et de comprendre ce qui vient de l'extérieur, comme les sensations intérieures. La capacité d'ouverture se met en œuvre, ou non, selon les moments de la vie, selon les épreuves et la perception du monde qui est la nôtre parfois.

Les blessures d'enfance

L'enfance est un lac : tout s'y reflète en surface, la profondeur en est invisible. Un enfant absorbe et se tait, souvent.

★ L'enfant dans sa chambre, témoin de la dispute violente de ses parents dans la pièce à côté, ne peut s'endormir. Il écoute. Il guette. Il s'attend au pire... Il est tétanisé, tendu, apeuré, perdu. Il fera semblant, le lendemain et tous les autres jours. Il ne dira rien. Le clivage est en marche. Le souvenir de cette nuit-là ne fait pas partie de son monde réel, de la vie diurne, il perd ses contours. Est-ce que ça s'est vraiment passé ? L'enfant a-t-il rêvé ? Mais la terreur ressentie, la perte d'équilibre due à l'effondrement de son monde et de sa sécurité de base sont, elles, bien résistantes et perdurent.

De nombreux épisodes de l'enfance sont ainsi mis en doute, voire abandonnés dans le labyrinthe de l'oubli. Telles des ondes de choc, leurs effets persistent dans l'inconscient.

Le conscient continue sa route, mais une partie souffrante émerge tout de même, qui, si la situation évoquée plus haut se répète (si l'enfant devient témoin « privilégié » de l'épisode de violence parentale), se renforce, se durcit. Une part de l'énergie psychique ne circule plus librement, formant un complexe identificatoire ou une fixation.

> **La fixation**
>
> La fixation est la partie de l'énergie psychique demeurée à un stade de développement de l'enfance. On parle de fixation au stade oral ou anal, ou phallique. Généralement, seule une part de l'énergie est fixée, le reste continue son évolution vers d'autres objets d'investissement. La fixation indique donc un attachement particulier à une relation de l'enfance, qui continue d'être source d'attentes alors que l'âge de ce genre de sollicitations est largement dépassé. Ce qui entraîne son lot de frustrations, de répétitions de souffrances et, à force, de complexes névrotiques.

Ainsi, un ensemble psychique échappant totalement au contrôle du conscient et de la volonté, parfaitement autonome, agira dans un sens opposé à ce que voudrait le sujet. C'est ce que Jung appelle les complexes. Ce qui aboutit à dire que la personnalité est comme séparée en deux. L'individu ne possède, selon ce point de vue, qu'une faible capacité d'indépendance et de liberté face à sa personnalité « malade ».

Les coups

La violence physique touche l'enveloppe corporelle, qui nous protège contre les dangers extérieurs. Les coups portés s'enfoncent dans notre moi-peau, pour créer des déchirures dans notre identité, dans notre « je ».

Cependant, ces agressions heurtent de façon plus profonde encore notre confiance en l'être humain, en la communauté humaine, à laquelle nous appartenons. Ce que nous attendons de l'autre, de notre semblable, de notre congénère est, de façon naturelle, l'attention, la connivence ou l'empathie, le secours en cas de danger mortel. C'est inscrit au fond de nos cellules, depuis les temps immémoriaux où l'homme était en petit nombre et luttait pour la survie de l'espèce. La victime, elle, se sent exclue du genre humain, symbolisé par le bourreau, et laissée dans un immense désarroi : Si elle ne peut plus compter sur les hommes, que lui reste-t-il ?

> « Or, ce qui est brisé, dès les premiers coups d'une torture qu'un homme inflige à un autre, c'est la source même de la relation à autrui et au monde.[1]

C'est la raison pour laquelle l'entraide, le secours, la mémoire collective autour du traumatisme sont si importants : nous nous sentons à nouveau reliés les uns aux autres, à nouveau miroirs les uns des autres. Une autre souffrance s'imposerait par la suite si ce lien n'était pas renoué, si l'oubli venait recouvrir la mémoire des faits traumatiques. Ce serait une forme de coupure supplémentaire que de constater l'indifférence, la négation, la fuite dans le regard des autres.

Après un attentat, il est plus rapide de se reconstruire, de dépasser le trauma, si on a reçu ou donné de l'aide aux autres. On reprend la confiance perdue en l'humain. Car la violence de l'attentat – par définition aveugle, meurtrier – procède de ce qu'il est déclenché par l'humain contre l'humain.

D'où l'importance de parler, de réhabiliter la relation, car la violence est coupure des autres.

> « Ainsi la souffrance tient moins ici à la souffrance physique qu'à la destruction immédiate de la confiance dans les rapports humains, dans tous les rapports humains, venue avec ce premier coup, porté non pas dans un combat, mais dans une atteinte asymétrique et définitive qui met l'un des deux termes dans la dépendance destructrice de l'autre.[2]

1. *Revivre, Éprouver nos blessures et nos ressources*, Frédéric Worms, éditions Flammarion, 2012, page 45.
2. *Ibid.*, page 46.

La solitude

L'indépendance est une vertu très valorisée. Ne dépendre de rien ni de personne, s'assumer seul… cette idéologie de la toute-puissance est une grande fenêtre ouverte sur la solitude. Elle oublie que nous sommes reliés aux autres, que le groupe des semblables, des ressemblants, est un facteur important de construction, que l'identité se bâtit dans la relation et dans le regard de l'autre, que tout ce que nous sommes existe parce que nous avons grandi parmi d'autres, qui nous ont appris, enseigné, montré, transmis.

L'homme des villes modernes est un homme seul.

> L'errance du héros contemporain, solitaire, un peu désabusé, qui n'est plus relié et se replie sur des « valeurs matérielles sûres », est illustrée par les héros des romans de Haruki Murakami. Dans *Au sud de la frontière, à l'ouest du soleil*, l'auteur japonais nous fait partager l'existence de Hajime, la quarantaine. Le héros-narrateur nous conte sa vie d'homme de Tokyo ayant bien réussi matériellement, ayant construit une famille. Cependant, son récit laisse apparaître une forme de vide, un ton désabusé, une distance presque mélancolique. Il retrouve un jour une femme mystérieuse et fascinante, Shimamoto-san, qu'il a connue autrefois, lorsqu'ils étaient pré-adolescents, et qu'il n'avait pas revue depuis trente ans, sans l'avoir jamais oubliée. Plusieurs rencontres avec elle le troublent énormément. Confronté à cette confusion, il prend conscience plus nettement de la vacuité de sa vie.

“Il y a un grand vide dans ma vie, et je suis toujours assoiffé, affamé de cette part que j'ai perdue... quand tu es près de moi, je sens ce vide se remplir.[1]

Shimamoto-san reste mystérieuse et, après une après-midi d'amour avec lui, disparaît sans laisser de traces, sans avoir dévoilé quoi que ce soit d'elle. Hajime sait qu'il ne la reverra jamais. Cette histoire le laisse désemparé, perdu. Il remet tout en question dans sa vie.
Et d'abord son couple. Il se demande si sa vie avec sa femme n'est pas une comédie :

“Ne nous contentions-nous pas l'un et l'autre de jouer les rôles qui nous étaient dévolus ? N'avions-nous pas perdu quelque chose d'essentiel ? Vivions-nous désormais chaque jour comme de simples automates ?[2]

Sa vie dans son ensemble, la perte de ses espérances, de ses rêves :

“De temps en temps, il me semblait que j'avais été abandonné dans un désert privé de vie.[3] » ; « J'avais l'impression d'être une coquille vide, un son creux résonnait en moi. »[4]

Sa femme dresse le même constat :

“Autrefois, j'avais des sortes de rêves, d'illusions. Tout ça a disparu je ne sais quand, je ne sais où. Je l'ai tué en moi, je l'ai jeté, je l'ai détruit...[5]

Un désert similaire au sien habitait donc sa femme. Elle ne regrette aucunement la vie avec lui et n'aurait pas imaginé vivre autrement, cependant :

1. *Au sud de la frontière, à l'ouest du soleil*, Haruki Murakami, éditions 10/18, 2006, page 190.
2. *Ibid.*, page 208.
3. *Ibid.*, page 209.
4. *Ibid.*, page 214
5. *Ibid.*, page 221.

> Parfois, je me réveillais la nuit, trempée de sueur. Moi aussi, j'étais hantée par tout ce à quoi j'avais renoncé.[1]

Les deux protagonistes souhaitent repartir à zéro, ensemble, retrouver leur vie laissée de côté, reprendre pied dans leur existence, pleinement. Mais rien ne dit que les forces ne vont pas manquer à Hajime. Il doute, reste hébété, immobile, effrayé par l'immensité de la tâche :

> Mais si je devais découvrir un sens quelconque à mon existence, il fallait que je me consacre de toutes mes forces à cette tâche. Peut-être...[2]

On peut y voir un parcours d'initiation : l'homme décrit est un pur produit de la civilisation urbaine, dont l'existence est programmée selon des codes figés, avec pour seul objectif la réussite matérielle. Aucune autre dimension n'habite sa vie. Rêves et espérances sont restés enfouis et se sont désincarnés. Il vit comme un automate. Shimamoto-san pourrait représenter la mort, la mort de l'être en Hajime.

> Penché sur ce gouffre noir et glacé, j'avais crié son nom. "Shimamoto-san." Mais ma voix avait été absorbée par un néant infini... [...] ce souffle régulier m'indiquait qu'elle était toujours là ; mais, au fond de ses yeux, elle était déjà passée de l'autre côté, dans le monde de la mort.[3]

Après cette rencontre avec sa propre mort, c'est-à-dire la mort de son âme, de ses rêves, Hajime n'est plus le même. Ce qu'il sentait confusément devient une évidence : le vide de sa vie est bien identifié. À lui maintenant de faire quelque chose de cette nouvelle conscience.

1. *Ibid.*, page 221.
2. *Ibid.*, page 222.
3. *Ibid.*, pages 194-195.

La perte ou l'absence

Nos parcours sont constitués d'un certain nombre de pertes, d'absents reconnus comme tels, ou de manques plus généraux, plus diffus.

Chaque étape franchie, comme on le sait, nous apporte son lot de jouissances et de frustrations. Des renoncements plus ou moins importants s'opèrent, rendant l'évolution personnelle plus proche de la montagne russe que du « long fleuve tranquille », de l'ascension régulière.

Les premiers renoncements sont ceux du maternage, qui nous a enveloppés dès les premiers temps de notre vie. Même et surtout en cas d'insuffisance, le deuil ne se fera jamais totalement, car ce maternage est alors fantasmé plus encore. La régression en cas d'obstacle difficile à franchir nous amène toujours vers la relation fusionnelle première idéalisée, symbole du paroxysme de protection, du maximum de sécurité, du summum d'amour.

Certains auront du mal à quitter cette étape et ne pourront pas vraiment vivre leur vie d'adulte, d'homme ou de femme.

Les renoncements nous amènent à nous adapter et à collaborer plus ou moins activement et efficacement avec l'entourage et avec le monde. Au cours d'une vie, les pertes affectives s'accumulent : la nounou d'avant l'école, le départ du premier alter ego… Les changements dans la famille, les déménagements, les recompositions apportent leur quota de déstabilisation. Sans compter les élans coupés, les frustrations, les vexations, les entraves et aussi les abandons, réels ou supposés, les trahisons, les disparitions...

La perte chaque fois produit une brisure dans l'unité. Elle continue à résonner en nous, tant et si bien que la force de mémorisation nous porte à revivre, ressasser infiniment le moment où « tout a été perdu ».

Bien sûr, il y a aussi les pertes plus graves, refoulées dans notre inconscient. Celle d'un parent, par exemple. Une partie de soi est alors évadée, perdue dans l'absence.

★ Clémence n'a pas de souvenir conscient de sa mère, décédée quand elle avait moins d'un an. Son père s'est remarié. Le couple a élevé Clémence et a eu un autre enfant. Clémence est restée longtemps une fillette secrète et farouche. Plus personne autour d'elle ne semblait se souvenir de sa mère, personne ne lui en parlait, c'était une chape de silence. À l'adolescence, le mutisme de son entourage s'est avéré insupportable, d'autant que Clémence, au cours de sa préadolescence, s'est mise à fantasmer sa mère, à en rêver. Elle a imaginé que celle-ci était partie vivre des aventures dans un lointain pays, qu'elle allait revenir la chercher. Clémence se préparait au jour prochain, où elle serait emmenée par sa mère.
La jeune fille s'est enfermée dans son fantasme au point de se couper de la réalité, de s'adonner à des comportements assez déviants (vols dans les magasins, prise de substances illicites, d'alcool...). Un jour, son père l'a surprise et a découvert toute l'étendue de la solitude de sa fille. Un dialogue a pu commencer entre eux, et la découverte de sa vraie mère dans les yeux et le souvenir de son père a permis à Clémence de s'approcher un peu de ses sources et de quitter l'univers fantasmé et dangereux qu'elle commençait à construire. Elle a pu intégrer la réalité de la mort de sa mère et quitter le rêve qui l'isolait totalement du réel.

La perte, si elle touche un point vital, un pilier pour l'équilibre psychique, si elle est répétitive, engendre un réel clivage.

Le corps-émotion et le psychisme se désunissent. Une partie de ce dernier continue à faire comme s'il ne s'était rien passé et tait la perte.

Le corps-émotion se sépare du lien psychique, le psychisme ignore une partie de lui.

Le retour à l'unité ne pourra se réaliser que dans la relation à l'autre.

Par exemple, dans une relation thérapeutique, en rétablissant les associations mentales, qui généreront la perlaboration et feront reprendre le travail psychique ; c'est-à-dire qu'elles réactiveront les connexions, les échanges neuronaux afin d'absorber l'événement et d'en faire une ressource pour le futur.

Une blessure peut se réparer, s'alléger, se panser. Un remède existe toujours.

L'inquiétude des origines

Le secret

L'histoire qu'a racontée le psychanalyste Philippe Grimbert est également représentative de cette absence-présence, de ces peuplements de nos zones sombres, de ces silhouettes mi-inventions, mi-souvenances, intuitives et fluides, images puissamment investies de notre psychisme.
Dans *Un secret*, Philippe Grimbert explique qu'il a fantasmé un grand frère imaginaire pendant toute son enfance, pour s'apercevoir à l'adolescence (âge des découvertes des secrets !) qu'il avait effectivement eu un aîné, mort avant sa naissance. Personne ne lui avait jamais parlé, et ce tabou se renforçait d'un précédent, issu de l'histoire particulière du couple de ses parents.
Ainsi ce frère dont il ignorait tout s'est-il imposé à lui inconsciemment, apportant un lien entre une vie imaginaire cachée et un secret bien réel qui hantait les esprits de son entourage.
Cette absence consciente-présence inconsciente a amené Philippe à se comparer à son frère. Il s'est senti insuffisant dans le regard parental, s'imaginant que le grand frère idéalisé serait seul à pouvoir satisfaire des parents éteints par leur chagrin.

La quête

La question des origines accapare déjà l'enfant. Toute sa curiosité quant à la façon dont il est arrivé en ce monde s'éveille et l'incite à interroger l'adulte. Il fantasme sa naissance, avant d'accepter une version plus réaliste. Mais cela n'empêchera pas les questions plus tard.

À l'âge de l'affabulation, beaucoup d'enfants se construisent un roman familial, parfois très élaboré : ils s'imaginent des origines secrètes, lointaines, fantastiques, d'autres parents. Les parents présents sont supposés être de faux parents, à qui ils ont été confiés à la naissance. Les contes et légendes ne manquent pas de telles histoires, fascinantes pour les plus jeunes. Les parents imaginaires sont idéalisés, l'enfant se lance dans une sorte de vie parallèle.

Pourquoi ce fantasme ?

Une interrogation ultime habite beaucoup d'entre nous : pourquoi suis-je né là, dans ce foyer, dans cette famille ? Est-ce qu'ils m'ont choisi, est-ce que je les ai choisis ? Ne pas se souvenir de la petite enfance – généralement frappée d'amnésie, c'est-à-dire de refoulement – avant 7 ou 8 ans nous prive d'un maillon de connaissances sur nos origines qui nous manquera toujours. Nous ne sommes sûrs de rien. Comme si l'énigme de notre naissance, à laquelle nous n'avons pas participé, restait à jamais un mystère. Nous avons du mal à nous représenter le monde avant nous, sans nous !

De nombreuses situations de naissance amènent un questionnement sous-jacent incessant sur le désir de ceux qui nous ont portés au monde. Il touche bien sûr les enfants qui ne connaissent pas leurs parents biologiques, mais aussi ceux dont la quête de vie s'origine sur la façon dont ils ont été pensés par leurs géniteurs.

Un enfant de remplacement, un jumeau perdu, un père inconnu, un secret occulté, un mystère, un amour parental dont on n'est pas très sûr, un parent parti ou disparu, un frère ou une sœur disparu(e), un premier foyer dont on n'a jamais entendu parler…

Ces éléments peuvent donner un sentiment de déliaison avec son histoire, comme si quelque chose était toujours à réajuster, à retrouver en soi, un manque avec lequel il fallait apprendre à vivre en harmonie.

> Nancy Huston, essayiste et romancière née au Canada, interrogée par *Psychologies Magazine*[1], raconte son histoire : sa mère, femme très intellectuelle, très libre, a quitté définitivement le foyer parental, laissant Nancy, 6 ans, sa petite sœur et son grand frère, pour ne les revoir que très sporadiquement. Après cette disparition, Nancy Huston explique qu'elle a revu sa mère une fois à 7 ans, puis à 10 ans. Elle a donc vécu une enfance traumatisée par le manque d'amour, de soin, d'attention maternels, sauf pendant les quelques moments passés avec elle, où quelque chose de très fort existait entre elles.
>
> « Elle s'est érigé un mur dans son cerveau, mais il se trouait chaque fois que nous la retrouvions. Dans la faille, passait un océan de tendresse, de gentillesse, de douceur, d'amour. Et chaque fois, la douleur du manque qui s'ensuivait était décuplée.
>
> Nancy Huston dit avoir compris plus tard ce qu'a vécu sa mère, sa souffrance et les raisons qui l'ont amenée à quitter leur père. Mais ce qu'elle ne peut s'expliquer, c'est la raison de la très grande distance géographique qu'elle a placée entre eux, puisqu'elle s'est installée en Europe pour y construire un nouveau couple et avoir d'autres enfants.
>
> « Je pense que cet éloignement physique si important a été décisif dans ma destinée. Elle m'a donné une énigme insoluble, insondable : pourquoi ? Comment peut-on faire cela ? Peut-être

1. Entretien réalisé par Hélène Fresnel, en mai 2012.

souffrait-elle tellement qu'elle s'est dit : "Plus je mettrai de distance, moins je souffrirai."

Nancy explique avoir vécu de sombres années, à l'adolescence et jeune adulte. Elle a souffert d'anorexie et de très intenses tendances suicidaires. Puis elle s'est petit à petit construite, grâce à une rencontre et à la famille qu'elle a pu fonder, ce qui n'avait rien d'évident pour elle au départ.

« Et quand ma petite fille avait entre 3 et 5 ans, j'ai senti l'intensité de l'amour qu'elle me portait. Je me suis dit alors : "Si je m'arrachais à mon enfant maintenant, elle vivrait une forme de mort..." Voilà donc ce que j'ai traversé quand ma mère nous a abandonnés.

Cet exemple montre à quel point un destin complexe, difficile à vivre, peut influer sur tout un itinéraire. Cette énigme de la mère partie ne peut se résoudre, ne peut se capter entièrement. Il reste une béance. Mais réparation et récupération sont possibles.

Dans le film *Ida*, de Pawel Pawlikowski (2014), une jeune novice orpheline des années 60 découvre ses origines juives à la veille de prononcer ses vœux. Avec sa tante, toutes deux seules rescapées des camps nazis de leur famille, elle part en quête de l'endroit où ses parents ont été cachés puis assassinés par ceux qui les avaient protégés au cours de la guerre. Après avoir donné une sépulture aux restes retrouvés de ses parents, elle peut expérimenter la vie, mais le voile sur la réalité entrouvert, celle d'un passé horrible et d'un présent trop désenchanté, l'amène à choisir la seule voie qui donne sens à sa vie. Sa quête l'a transformée, l'a rendue plus forte, plus déterminée.

Les fictions abondent de ces questionnements sur les origines. On connaît par exemple l'histoire d'Hergé, le dessinateur de Tintin, dont le secret de famille transparaissait dans son œuvre. Au point qu'un psychanalyste, Serge Tisseron, sans connaître le dessinateur, a mis au jour au fil de sa lecture le secret concernant la filiation d'Hergé, qui s'est avéré juste et dont Hergé lui-même ignorait tout. Inconsciemment, il parlait de son secret de famille, qu'il véhiculait sans le savoir..

La réflexion sur les origines est aussi celle de la naissance de la vie sur Terre, puis celle de l'apparition des premiers hominidés. Au-delà, elle porte sur la naissance de la minuscule Terre au sein d'un système composé de quelques planètes et d'une étoile qui évolue lui-même dans une galaxie formée de plus de 200 milliards d'étoiles, parmi des milliards de galaxies (il y aurait entre 100 et 200 milliards de galaxies dans l'univers connu), chacune composée de centaines de milliards d'étoiles. Ce questionnement s'élargit jusqu'à toucher à l'énergie fondatrice du big-bang, théorie de l'expansion de l'univers à partir d'un état initial ultradense, chaud et opaque.

Frissons et tournis garantis !

Le secret des origines nous fragilise énormément, et en même temps, nous construisons notre avenir autour de cette énigme fondamentale.

L'absence à soi

L'absence est aussi l'absence à soi, qui produit un état de mi-conscience, une sorte de flottement, où les perceptions de soi s'amenuisent, où les affects et les émotions n'ont pas d'intensité, pas d'expression possible, où tout le fonctionnement affectif semble pétrifié.

Cet état pourrait être nommé indifférence, atonie psychique, comme on parle d'atonie musculaire. Il porte aussi le nom savant d'alexithymie, la privation des mots de l'émotion.

C'est une incapacité à reconnaître en soi les émotions, et donc à les exprimer, qui toucherait un grand nombre de personnes. Un état peut-être plus fréquent qu'on ne pense, survenant dans les années d'enfance, quand l'entourage relaie très peu les émotions, n'y répond pas, fait comme si elles n'existaient pas.

★ Un enfant isolé, dans la pièce principale de la maison, entouré de la famille, est plongé dans ses jeux vidéo, presque oublié, sans aucune interaction avec les personnes présentes.

L'absence à soi rejoint l'absence aux autres, comme si les connexions étaient perdues.

Le psychisme se nourrit de relationnel. Le sujet construit son identité avec les autres. Une pauvreté des rapports affectifs et langagiers entraîne la perte du plaisir à la relation et d'autres conséquences néfastes sur le fonctionnement psychique, avec une dégradation de la qualité d'être, une pénurie de sensations, un appauvrissement affectif, presque une désocialisation. Certains sujets enfermés dans leurs habitudes et leurs rituels se laissent embourber dans cette apathie, jamais stimulés par l'énergie de la nouveauté, des interactions, du mouvement de la vie ou de la prise de risque exigée par le relationnel.

Une bulle se crée autour du sujet et l'isole. Le flou et la superficialité des sentiments sont caractéristiques de cette absence à soi, qui engendre un sentiment d'étrangeté.

★ Loïc fait beaucoup souffrir autour de lui, en particulier les femmes avec lesquelles il a des relations amoureuses. Elles sont très éprises, et lui très peu. Il les quitte sans trop d'états d'âme, lassé au bout d'un certain temps, sans vraiment savoir pourquoi. Il se rend compte de la passion dont ces femmes font preuve, de leur colère, de leurs tentatives parfois violentes de le faire réagir, sans rien provoquer chez lui, si ce n'est une sorte de curiosité intriguée. Toutefois, la répétition l'amène à se sentir coupable de déchaîner ainsi des sentiments qu'il ne partage pas. Il voit de la souffrance autour de lui, et lui n'en éprouve pas.

L'amour est un risque à prendre, celui de ne pas être aimé en retour, de souffrir, d'être abandonné, trahi, happé par l'autre, en dépendance... Prendre ce risque est essentiel à l'épanouissement personnel, car il est le signe qu'on est prêt à éprouver, à travailler sur soi, à grandir, à conquérir des territoires affectifs qui, sans cet état amoureux, resteraient ignorés.

Mais certains n'osent jamais prendre ce risque.

En raison d'une plus grande fragilité encore, qui leur fait craindre une cassure, un bouleversement, une déchirure ; ou parce que leur énergie affective s'est consumée dans une déception primitive, première et fondatrice.

Dans *L'Étranger*, Albert Camus détaille cet état en un portrait très impressionnant de vérité et de force. Mais une force immensément vide, aveugle. Cette tension per-

manente, cette lutte exacerbée, exténuante, contre les éléments extérieurs, en particulier la brûlure du soleil et la chaleur, entraînent le héros, Meursault, à commettre un crime totalement inexplicable, un geste absolument insensé, impossible à comprendre.
L'auteur accompagne son personnage, mais ne donne aucune lecture de son acte, aucun repère, aucun sens.
Meursault recèle la nature étrange des profondeurs abyssales de l'être, auxquelles il ne donne jamais accès, si ce n'est dans ce seul acte de meurtre. Pour rien. Ou peut-être juste parce qu'il fait chaud. L'absence de sentiments et de réactivité, l'indifférence à son propre sort, l'apathie générale sont autant d'indices allant dans le même sens et rendent le personnage de plus en plus opaque à mesure de l'entrée dans l'histoire.
Les célèbres premières phrases du roman signalent immédiatement un décalage.

> « Aujourd'hui, maman est morte. Ou peut-être hier, je ne sais pas.[1]

Il n'a aucun mot de peine ni de tristesse autour de cette nouvelle. L'enterrement a lieu sous une chaleur torride. Le jour où il commettra le meurtre, sur la plage, la même oppression accablante due à la chaleur le gagnera, le rendra fatigué, comme privé d'énergie.

> « C'était le même soleil que le jour où j'avais enterré maman et, comme alors, le front surtout me faisait mal et toutes ses veines battaient ensemble sous la peau. À cause de cette brûlure que je ne pouvais plus supporter, j'ai fait un mouvement en avant.[2]

C'est le pas de trop, qui l'amène à tirer une première fois, tuant un jeune homme ; puis quatre fois dans son cadavre, encore plus inutilement :

1. *L'Étranger*, Albert Camus, éditions Gallimard, collection Folio, 1985, page 9.
2. *Ibid.*, page 94.

> “J'ai compris que j'avais détruit l'équilibre du jour. [...] Et c'était comme quatre coups brefs que je frappais sur la porte du malheur.[1]

Sa conscience d'être isolé, détesté, émerge de temps à autres au cours du procès. Avec elle, la souffrance aigüe, lancée dans un cri et des insultes adressées au prêtre venu lui parler dans sa cellule après sa condamnation à mort, seul moment de révolte de sa part.

> “Du fond de mon avenir, pendant toute cette vie absurde que j'avais menée, un souffle obscur remontait vers moi à travers des années qui n'étaient pas encore venues et ce souffle égalisait sur son passage tout ce qu'on me proposait alors dans les années pas plus réelles que je vivais.[2]

Cette phrase résume la teneur de ses vécus : un souffle égalisateur, qui rend toute expérience égale à une autre. La seule chose dont il est certain, c'est sa mort prochaine.

> “C'était comme si j'avais attendu pendant tout le temps cette minute et cette petite aube où je serais justifié.[3]

1. *Ibid.*, page 95.
2. *Ibid.*, page 183.
3. *Ibid.*, page 183.

Les liens qui se disloquent

Les blessures sont toujours des meurtrissures de la relation : manque d'amour, solitude affective, manque de reconnaissance, décalage, perte de confiance en l'autre ou dans les autres, etc.

Atteints dans notre rapport à autrui et notre confiance en l'humain, nous dépérissons.

C'est encore une fois la relation aux autres qui nous réparera : un amour trouvé ou retrouvé, une réconciliation, la confiance de nouveau en soi et en le monde, la reconnaissance ou la réhabilitation de sa valeur, le respect de sa personne...

Après la dislocation dans la perte, il convient de réparer la cassure, de réunifier le sujet pour qu'il se ressoude, se rassemble en lui-même, qu'il voie à nouveau un reflet positif dans le regard de l'autre. On retrouve son unité dans l'altérité, à travers le regard d'un semblable, le miroir qu'il nous tend. Grâce à la reconnaissance de notre souffrance, le lien fondamental à l'autre est rétabli.

> « Or, le soi ne renaîtra qu'en agissant en son nom, comme un "je", capable de se poser comme tel dans les relations humaines. [...] Il renaîtra, ce moi, si quelqu'un s'adresse à lui, l'accueille, lui fait sa place.[1]

1. *Revivre*, Frédéric Worms, éditions Flammarion, 2012, page 75.

Liaisons et déliaisons

Nous sommes constitués de liens qui se nouent et se disloquent tour à tour. Liaisons, déliaisons forment notre vie.

Exemples de liaisons :

- Lien à la Terre mère que nous quittons un jour
- Lien à une terre d'accueil, parfois compliqué
- Lien à la famille, éloignée ou pas, qui a été bonne pour nous ou pas
- Lien dans les couples que nous formons : liens précaires ou durables, remis en question ou pas
- Lien aux enfants, complexes aussi
- Lien à la valeur de ce que nous produisons avec nos mains, notre cerveau, notre cœur
- Lien aux générations précédentes, la psychogénéalogie, les secrets transmis et leur impact
- Lien à l'histoire collective, bien présente
- Lien aux valeurs humaines que nous incarnons
- Lien à la mémoire, au passé, base sur laquelle nous évoluons, pour nous mettre en mouvement

Et de déliaisons :

- Lien défait (séparation, divorce, dissociation, désunion...)
- Désagrégation d'une association, accompagnée généralement de rancœurs (le cœur n'est-il pas « rance » alors ?), de rancune, d'aigreur, de ressentiment, d'amertume.

Ces sentiments sont tenaces, car auparavant, on a cru à l'union, d'où la déception, la désillusion. Même un lien indéfectible et puissant comme le lien parent-enfant peut se dissoudre, à cause d'une incompréhension totale et de l'impossibilité de dialoguer.

★ Barbara : « J'ai dû renoncer à voir mon père. Chaque fois qu'on se rencontrait, c'était très pénible, il s'emportait, en colère contre tout et tout le monde, trouvait toujours un sujet de discorde, se montrait de méchante humeur. Lui et sa compagne semblaient n'avoir pas envie qu'on leur rende visite. Je m'obligeais à passer un peu de temps avec eux, à les appeler, à leur demander des nouvelles, pour garder le contact, par devoir filial. Lorsque j'ai cessé, ce fut très difficile à vivre, car eux ne se sont jamais manifestés. Ils ne m'ont jamais appelée, n'ont pas donné signe de vie. Cela fait maintenant deux ans que nous ne nous sommes pas revus. J'ignore totalement si cela leur manque, ni combien de temps cela va durer. Cela me rend très triste et très en colère. »

Tout lien porte en lui sa possible dislocation. Tout est échange et combat entre des forces opposées qui se maintiennent en équilibre pour pérenniser la vie.

Les pulsions de vie et les pulsions de mort se mêlent pour former un tout, changeant selon les moments de la vie individuelle mais aussi collective : soit la destructivité l'emporte, soit le désir de vivre est plus fort.

“L'échange ne peut être ni un échange d'idées, ni un échange de sentiments, c'est quelque chose de beaucoup plus étroit, de beaucoup plus intriqué. Quand Freud parle des pulsions de vie et des pulsions de mort, on est dans un échange dont on ne sait pas ce qui va résulter, parce qu'on ne sait pas si c'est la destructivité qui va l'emporter ou, au contraire, le désir de vivre.[1]

1. André Green, entretien réalisé le 1er mai 2007 par Dominique Baudesson, sur le site internet de la Société psychanalytique de Paris (SPP).

Les difficultés de l'identité

Contrairement à une idée répandue et rassurante, l'identité n'est pas assurée une fois pour toutes, bien posée dans un rail. Elle s'édifie pas à pas au cours d'une vie, elle est sinueuse et se meut selon les aléas de l'existence. Elle se crée, se forme, se déforme. Elle est changeante, comme les sentiments, les passions, les rencontres. Elle prend un visage différent selon les lieux et les personnes que l'on côtoie.

> Un exemple de cette identité qui change de visage selon la façon dont elle est perçue est expliqué par Matthieu Niango, dans une interview radio sur France Culture. Le philosophe normalien parle de son identité de métis et explique comment la perception de lui change, car son visage n'est pas appréhendé de la même façon selon le pays où il se trouve. Il l'a vécu douloureusement et très fortement.
>
> « Cette expérience du visage, je l'ai faite d'une manière passionnante, décisive, douloureuse, parce que selon que j'étais dans un pays ou un autre, mon visage changeait, étant métis. Ce regard construisait à chaque fois un personnage différent. Il y avait à chaque fois un réajustement à faire. Je vous prends un exemple : au Congo, avec mon frère, on nous appelait "les Blancs", et vraiment, je me demande si on ne nous voyait pas blancs comme je vous vois blanc, comme je vous vois moi-même.[1]

1. Matthieu Niango, dans l'émission *Tire ta langue*, diffusée le 2 février 2014.

Cette expérience de l'identité se construit vraiment très clairement dans le regard de l'autre.

L'identité appartient-elle uniquement aux autres ? Existe-t-il une identité en dehors du regard de l'autre ?

L'autre a un avis sur nous. Il nous connaît d'une certaine manière. Si plusieurs autres ont les mêmes mots, les mêmes appréciations, on finit par se reconnaître. On parle de la même personne, c'est bien de moi qu'il s'agit.

Cependant, tout le monde n'a pas le même avis. Selon l'autre, l'appréciation sera différente. D'ailleurs, certains de ces autres ne nous aiment pas. D'autres nous aiment bien. Leurs opinions de nous seront forcément différentes, voire diamétralement opposées. Pourtant, il s'agit toujours de la même personne. L'autre, nous percevant à travers son prisme, ajoute une définition, une différence, un morceau à notre identité en friche. C'est ainsi que nous construisons quelque chose d'unique, en rapport avec les regards portés sur nous. Nous le construisons *pour eux* également, pour nous sentir reconnus, aimés, appréciés, voire admirés dans les yeux d'autrui.

Cependant, l'identité se constitue aussi de notre vécu intime, de nos pensées non-extériorisées, nos émotions inexprimées, nos souffrances rarement exhalées. C'est notre journal personnel, secret, notre « exil intérieur », nos « propriétés », qui se dérobent à tous les regards.

Les souvenirs font également partie de notre identité : ceux que nous avons vécus comme ceux qui nous ont été racontés, les souvenirs des autres, les histoires, les anecdotes, les scènes lues, transformées par nous en images que nous pouvons voir et revoir à loisir, alors que nous ne les avons pas vécues.

L'identité tient parfois à l'impression d'être un moi bien distinct des autres. Un « je » avec une enveloppe protectrice qui permet les échanges, à juste distance. Il autorise les proximités et défend son territoire.

Ce moi changeant est un moi unique – ou vécu comme tel. D'autres identités parfaitement indépendantes et différentes l'entourent. Être seul à vivre ce qu'on vit, tout en étant au milieu d'autres semblables terriblement différents, c'est peut-être cela l'essence du sentiment d'identité : la conscience d'être unique. Celle-ci passe par notre regard sur le monde extérieur. Nous voyons notre environnement à travers les perceptions et les connaissances que nous en avons, nous traitons ces informations d'un point de vue obligatoirement égocentrique. Et sommes seuls, absolument seuls, à vivre, comprendre et aimer selon ce point de vue.

★ Manuel : « J'ai mis longtemps à créer mon identité d'adulte. Alors que j'avais fini mes études et que je commençais mes premiers jobs, je restais très adolescent dans ma façon de vivre. Je vivais au rythme d'une bande de copains et copines, nous continuions tous ensemble notre vie insouciante de potaches. Je me suis aperçu que c'était pour moi une réelle fuite devant ma vie et mon avenir. Je ne me projetais pas du tout, je ne voyais rien au-delà des prochains week-ends de fête avec les amis. Je ne voulais clairement pas devenir adulte. Cela me stressait, me dérangeait vraiment, cela me rendait triste. Sans que je m'en rende compte au début, je me sentais devenir mou, inconsistant, sans prise sur le monde. Une sorte d'apathie vint s'insinuer dans tout ce qui n'était pas la vie de mon groupe d'amis. J'avais des histoires très courtes, sans lendemain. Puis, des amis ont commencé à vivre en couple, ont eu leur premier enfant. Cela me semblait un autre monde pour moi. Le décalage m'a mis mal à l'aise. Je ne savais plus du tout qui j'étais au milieu de toutes ces transformations. Je me suis senti perdu, sans accroche pour devenir quelqu'un, pour quitter cet état adolescent qui ne me convenait plus. Comme si je n'avais pas de repère dans ce domaine. Comme si quelque chose de fondamental me manquait. J'ai travaillé sur moi, pour chercher les ressorts du changement qui ne s'annonçait pas spontanément. J'ai compris que j'avais des difficultés à assumer la séparation, la différenciation d'avec ma famille, comme si je les trahissais en les quittant, alors que je ne m'identifiais plus du tout à eux. Je ne parvenais pas à

avoir une identité séparée de la leur. Je ne pouvais pas non plus m'identifier complètement au milieu dans lequel j'évoluais. Entre les deux, je restais figé. Ce fut un chemin difficile pour arriver à créer mon monde à moi, absolument autre et différent, sans pour autant couper les ponts familiaux. Les élans vers la constitution de mon identité personnelle avaient été tellement émoussés que j'ai mis longtemps à les réveiller.
Ce chemin m'a permis de faire mes choix en fonction de qui j'étais. Cela a été une quête plus difficile, certes, mais qui m'a amené à approfondir vraiment ma connaissance de moi-même. »

Conclusion

Nos blessures et nos joies d'enfant, nos apprentissages, nos liens, nos amours, nos désillusions, les cabossages et les parties rayonnantes de nos vies forment un ruban d'histoires, un passé qui vit en nous, seulement en nous, et sur lequel s'appuie notre présence au monde. Une certaine vision du monde en découle, dans laquelle la conscience de notre essence de verre tient une place.

Ces histoires de vie nous montrent comment les difficultés peuvent nous dévoiler des parts de nous et nous en apprendre sur nous-mêmes ainsi que sur nos capacités à évoluer et à nous adapter.

Cependant, la face noire de nos états d'âme n'est pas à nier, bien au contraire. Elle nous apprend qu'il y a danger, que l'équilibre de vie est à retrouver quand il est remis en cause par des événements douloureux ou des « maladies à vivre » très prégnantes.

QUATRIÈME PARTIE

LA FACE SOMBRE DE LA FRAGILITÉ

« Vous regardez cette forme, vous en découvrez en même temps la puissance infernale, l'abominable fragilité, la faiblesse, la force invincible de la faiblesse sans égale. »

Marguerite Duras

La substance intime de l'âme humaine est incertaine, complexe, mouvante. Cette fragilité nous fait peur car nous la sentons puissante, au fond, à nous tirer vers les profondeurs décapantes du désespoir lucide. Puissante à envenimer nos pensées, à faire pâlir notre joie de vivre, voire à nous détruire.

La vulnérabilité qui nous habite est difficile à accepter alors que, pour calmer nos peurs, nous aspirons en général à croire en notre toute-puissance et en la pérennité de toutes choses (la vie, la jeunesse, l'amour...).

Alors que nous entretenons l'illusion que tout peut durer, nous n'échappons pas, de temps en temps, aux réveils amers et aux chocs consécutifs de nos prises de conscience mouvementées.

Cette fragilité nous effraie ; mais elle nous fascine aussi.

Ceux qui la nient totalement, persuadés de n'être pas concernés, de n'être que force et puissance, se privent d'une partie de leur humanité qui pourrait servir de guide dans leur vie.

À l'inverse, ceux qui se laissent happer par son chant de sirène risquent de se perdre dans la désespérance, convaincus par la vision dépréciative qu'elle propose de l'existence, une vision nuisible et potentiellement destructrice. Si la fragilité est invasive et accapare l'énergie, elle entraîne une révolte impuissante ou une descente dans la dépression.

Dans les deux cas, la fragilité n'est pas considérée pour ce qu'elle est. Elle est niée et transformée par tentative d'évitement.

Ne pas regarder en face notre essence de verre (ne pas tenter de la comprendre, de l'explorer, de l'aimer) nous prive des moyens de la canaliser. Et nous ne pourrons pas y puiser de forces de vie.

Que se passe-t-il si nous refusons de rencontrer cette partie de nous, si nous n'assumons pas nos failles, nos souffrances ? Que se passe-t-il si nous fuyons nos doutes existentiels ?

Soit on se croit invincible, soit on se pose en victime, soit on s'anesthésie.

L'autoprotection

Se protéger de son propre monde émotionnel (parce que le caractère mouvant de celui-ci nous donne un sentiment d'insécurité) entraîne une mésestime des besoins fondamentaux d'amour et d'échange. Différentes variantes de fonctionnement global en sont issues.

Le repli sur soi

La solution de repli est utile, bien sûr, dans les phases de vie où une souffrance s'avère telle que le réflexe premier consiste à se recroqueviller sur soi, à opérer un retrait stratégique, anxieux, farouche.

Par exemple : il est tentant de ne plus entrer en échange affectif. Ainsi ne prend-on plus le risque de rouvrir une blessure d'amour toute fraîche. Quand on vient de rencontrer l'insoutenable sentiment d'être rejeté, le désir de se protéger quelque temps de la néantisation de son être est une sauvegarde.

★ Gaëlle : « Après avoir vécu une rupture particulièrement douloureuse, je me sens bloquée dans mon affectif. Je n'ai plus aucun désir d'entrer en relation amoureuse, je vois bien que je me protège contre toute tentative de rapprochement, j'évite les circonstances où quelque chose de cet ordre pourrait se produire, je ne sors qu'avec des amies, en groupe de filles complètement autonome et fermé. Le pire, c'est que cela ne me manque pas. En tout cas, consciemment ! »

Gaëlle s'organise pour échapper à tout contact sérieux, engageant, à toute proximité, qui est vécue comme potentiellement déstabilisante.

Éviter tout attachement pour se préserver d'une nouvelle déception constitue une mesure de protection en cas de blessure importante. On a peur de reproduire le même échec et de revivre la même souffrance, voire pire.

Dans ce cas, la rupture a altéré le sentiment de confiance en l'autre. Il a diminué l'estime de soi, a affaibli l'élan de vie.

La confiance est à réapprivoiser.

L'isolement relationnel

Mais si le moi fragile, sensible, se protège au point de devenir frileux, alors il s'enferme dans des comportements stéréotypés, fuit les résonances émotionnelles, se prive de tester de nouveaux moyens d'action vers l'extérieur.

Un tel retrait de la vie aiguise la peur. Pour échapper aux impacts émotionnels et à leurs effets, un tel moi hypersensible se prive de l'envergure de l'existence, de son aura. L'espace psychique s'appauvrit, voire se sclérose, car il n'est plus nourri de sa substance : les échanges avec les autres psychismes.

Peurs et comportements ritualisés s'installent alors.

Les Hikikomori

Des cas importants de repli sur soi allant jusqu'à la claustration s'observent actuellement. Ils sont même en augmentation. Ils concernent certains adolescents et jeunes adultes qui vivent cloîtrés plusieurs années dans leur chambre, sans aucun échange avec l'extérieur, s'adonnant principalement aux activités sur Internet. Le phénomène en expansion est bien identifié, notamment au Japon, où ces jeunes gens portent le nom de « Hikikomori ».

Là-bas, des équipes de thérapeutes spécialisés œuvrent à domicile pour venir en aide à ces exclus volontaires du monde social. S'agit-il de la réponse des plus sensibles aux pressions sociales, scolaires, à la dépersonnalisation des échanges, à l'absence de cadre sécurisant ? La régression dans le ventre-chambre permet d'éviter au maximum tout échange, donc toute gestion d'émotions et de frustrations. Une grande angoisse liée à la phobie sociale, la peur des autres, le sentiment de décalage, les difficultés à échanger, est à l'origine de ce trouble. Éviter la souffrance du rapport aux autres est à ce prix.

Une longue réadaptation dans un cadre thérapeutique est nécessaire pour guérir de ce retrait psychique.

Ces exemples extrêmes montrent que l'isolement est potentiellement dangereux.

L'amour de soi : excès ou déficience

Dans une première étape de sa construction, le petit enfant investit d'abord lui-même, puis son entourage, cherchant amour et soutien pour son élan vital. Cependant, si l'entourage mise sur l'enfant pour réparer ses propres blessures, ou s'il le disqualifie (ou les deux) – par des comparaisons, par exemple –, le passage à l'amour de l'autre sera contrarié.

Dans ce cas, s'ouvrent deux voies.

Soit l'amour retournera vers soi et n'investira pas les autres

Une fixation à ce narcissisme primaire, où l'individu reste entièrement focalisé sur lui-même, ne pouvant pas investir d'autres objets, est un moyen très courant de ne pas risquer l'ouverture d'une blessure ancienne, douloureuse et souvent inconsciente.

Le besoin impérieux de se voir briller dans le regard d'autrui est symptomatique de cette fixation au stade antérieur de l'amour de soi. Il masque les doutes et l'impossibilité de se sentir aimé. Et d'aimer.

> « L'autre n'est plus objet d'amour, il est nié ou ignoré, et n'existe que comme instrument pour l'amour de soi.[1]

Pour éviter la réapparition des blessures gravissimes de son être profond, le Narcisse ne s'intéresse à personne, sauf s'il est payé en échange d'une gratification d'amour très importante.

Afin de reléguer la grande blessure narcissique à l'arrière-plan et masquer à lui-même et aux autres le manque de confiance en lui (les doutes nombreux sur ses compétences dans tous les domaines, par exemple), le fragile Narcisse investit peu la relation affective.

N'acceptant pas de se regarder dans le miroir tendu par les autres, il peut s'enfermer dans une attitude de toute-puissance et de supériorité, voire d'arrogance.

S'il attire les élans affectifs, il fait souffrir. Mais il souffre aussi lui-même lorsqu'il s'aperçoit qu'il n'aime que lui. N'est-ce pas la frustration suprême pour quelqu'un qui se sent toujours mal aimé et n'existe que par le regard de l'autre ? Cela aboutit à la dépression.

Obnubilé par le souci de plaire, le narcissique blessé construit souvent inconsciemment ce que l'on nomme un « faux-self » (voir page 40), c'est-à-dire une apparence d'affects et de comportements destinée à se faire aimer. Toute tentative de l'extérieur venant déstabiliser ce masque sera vécue comme extrêmement angoissante. Cette angoisse vise à alerter le moi

1. *Du bonheur d'être fragile,* Jean-Claude Liaudet, éditions Albin Michel, 2007, page 113.

contre de graves dangers : le morcellement, l'entrave extrême à être soi, le sentiment de vide.

Autrement dit, ce que protège le Narcisse, c'est un moi faible, en danger, mal structuré.

★ Franck est sujet à de violentes réactions envers son entourage, en proie à de régulières crises de colère. Il entretient une relation de forte dépendance à l'égard de sa compagne, dont il ne supporte pas l'éloignement et qu'il veut près de lui constamment. Il n'endure pas la moindre critique envers ses attitudes. Les amis s'éloignent un à un, toujours accusés de ne pas l'appeler, de ne pas être présents. Il oublie ses frustrations dans des comportements addictifs liés au stade oral, notamment la forte consommation d'alcool, de tabac, de nourriture. Le moindre rapprochement affectif est fui, le moindre reproche est balayé brutalement. Franck est engoncé dans sa carapace narcissique.

Soit l'amour de soi sera déficient et l'individu sera toujours en quête d'amour de l'autre

La quête d'amour dans le regard d'autrui entraîne une dépendance affective, car le moi ne se nourrit jamais assez de cet amour, et la blessure toujours ouverte semble absorber toute gratification sans que puisse jamais se renforcer l'amour de soi.

Si la personne fragile narcissiquement est blessée par des vécus humiliants, un sentiment de trahison ou d'abandon, elle risque de se vider de tout investissement et d'entrer dans un vécu dépressif.

Ce moi fragile aura des difficultés à accepter de vivre les ruptures et se sentira en grande solitude, ne trouvant jamais le support qui le rehausserait narcissiquement.

Un excès d'amour de soi ou une faiblesse d'amour de soi sont les revers d'une même médaille.

Nier la souffrance

Le déni est une forme de protection du moi destinée à éviter la souffrance.

Le déni dont nous parlons ici n'est pas volontaire. Le moi choisit instinctivement, pourrait-on dire, le moyen le plus approprié, à un moment de son histoire, pour rester intègre, entier. Il peut donc se conditionner à effacer une partie de la réalité. Il ne capte pas les signaux porteurs de douleur : ceux-ci n'entrent même pas dans son champ de perception. Cela revient à nier une partie de son vécu. Le moi refuse de remettre en question une certaine croyance, un certain mode de fonctionnement auquel il tient.

Le propos n'est pas de dire qu'il faut se débarrasser de ses croyances ou fonctionnements ou symptômes sous prétexte qu'ils sont néfastes. Au contraire, le symptôme se respecte car il dit quelque chose de l'être profond, il est langage. Ensuite, peut-être, s'il est entendu, le symptôme se retirera de lui-même.

★ Depuis toujours, Zia est persuadée que sa mère est ultraprotectrice avec elle, très possessive et fusionnelle. Ceci, bien sûr, n'est pas faux. Mais ce que Zia ne voit pas du tout, ce sont ses propres stratégies, totalement inconscientes, pour attirer l'attention de sa mère lorsque celle-ci est occupée par autre chose. En réalité, les deux sont intriquées dans un lien de co-dépendance. Zia ne voit qu'un morceau de ce lien : celui de sa mère. Elle ne peut pas voir, par déni, son activité à elle pour que la relation perdure ainsi.

Ce déni lui permet de maintenir le lien, car une fois découverte sa part dans la relation, l'ensemble serait démantelé. Pour une raison qui est à rechercher, Zia a besoin de maintenir ce lien en l'état.

Le déni – qui consiste à escamoter une part de la réalité pour se cacher une vérité angoissante – est une façon de refuser son quota de vulnérabilité. Comment dès lors faire évoluer la situation ?

Plus fort que le déni : le clivage émotionnel

Le clivage est un mécanisme de défense qui protège le moi contre une émotion, un souvenir ou un désir trop difficile à intégrer, qui risque de briser l'unité. Tout contact émotionnel qui menace l'équilibre psychique est mis à distance. Le clivage scinde le psychisme en deux parties qui ne communiquent pas entre elles. Chacune vit comme si elle ignorait l'existence de l'autre. Des comportements incohérents, étranges, s'ensuivent, puisque chaque partie s'exprime selon ses propres lois, tour à tour, sans harmonie, sans souci de l'autre. La personnalité manque d'unité.

Ce type d'organisation psychique donne lieu à de très fortes angoisses, parfois à des phobies délirantes.

Il arrive en effet que la partie enfermée sorte de l'ombre et pousse à des comportements inexplicables, sans qu'il soit possible d'agir sur elle, puisqu'elle est niée. Comme si quelqu'un d'autre était aux commandes. La partie qui s'exprime sera rejetée par l'autre, comme une intruse que l'on ne peut déloger et qui prend parfois le dessus ! La personnalité clivée va se méfier d'elle-même et, partant, des autres. Tout changement extérieur risque de mettre en péril son organisation fragile.

Les personnalités clivées se ferment au monde extérieur, agissent comme des automates, privées de la sensibilité habituelle, œuvrant avec une grande économie de moyens. Tout est fait pour ne pas réveiller le monstre qui dort, le fantôme habitant le psychisme.

★ Pour Lilian, il n'est pas possible de vivre une vie affective. La sphère intellectuelle et imaginaire accapare son psychisme, au point d'oublier le corps et la vie émotionnelle. Les relations avec

les autres sont des tentatives d'entrer en contact, chaque fois élaborées selon un raisonnement compliqué qui se voudrait rationnel. Mais tout son monde pulsionnel étant absent, le contact est en fait désincarné.
Il a scindé sa personnalité en deux, une seule s'exprime et lui permet de se mouvoir dans la vie, l'autre étant ignorée, enfermée, enclavée.

La posture de victime : une vision égocentrique pour échapper à sa fragilité

Quand on porte la souffrance sur ses épaules et que l'on s'y accroche comme si elle contenait une raison de vivre, cela signifie que l'on s'est installé dans une posture de victime permanente.

Est-ce qu'il n'y a pas dans cette attitude une façon de se déculpabiliser ?

Le fragile se pense alors victime de tout, malchanceux, malheureux. Il considère toujours que les autres sont mieux lotis. Il se compare et se trouve petit, mal-aidé, mal-aimé, incompris…

Cette vision est très pernicieuse, car elle empêche le fragile de s'affirmer et d'être autonome. Ne sachant pas obtenir le respect auquel il a droit, il s'enferme dans des relations d'infériorité où un autre lui sert de soutien, de faire-valoir.

Il n'occupe pas sa juste place et se met en dépendance d'un autre ou d'un groupe. Ou bien il va de colère en colère.

★ Patricia : « Je suis toujours en conflit avec ma hiérarchie, quels que soient le poste et l'entreprise où je travaille. Après un premier temps où tout se passe bien, je retrouve toujours l'impression d'être laissée de côté, moins bien servie que les collègues du même niveau, avec des dossiers moins intéressants, pas reconnue, pas appréciée à ma juste valeur. L'impression que les autres m'en veulent, me détestent, finit par gagner. Alors je revendique, je me fâche avec les autres, j'accuse mon chef d'être incompétent, je me bagarre, j'assiège son bureau. Bien sûr, je n'obtiens rien, aucune amélioration, et je finis par être mal reçue et vraiment mise de côté. Je souffre terriblement de cette situation. Je me sens très mal, comme une pestiférée au sein de mon entreprise, et je cherche très vite à aller ailleurs. »

L'attitude de Patricia l'amène à se prendre pour le centre des attentions hostiles, tout en se croyant délaissée. Ceci aboutit à la situation contraire de ce qu'elle souhaiterait. Prisonnière d'une vision égocentrique de la réalité, elle considère que les autres ont tort, ne se remettent pas en question, et que le pire n'arrive toujours qu'à elle. Il lui est difficile de se remettre en question elle-même. Son impression de n'être pas aimée cache, bien sûr, une profonde envie de l'être, d'être la préférée surtout ! N'étant jamais satisfaite, cette demande répétée ne peut aboutir qu'à la frustration tant que la source dans les blessures narcissiques de l'enfance n'est pas trouvée. Sans cela, Patricia se sentira toujours la « mauvaise », la « méchante », indigne d'être aimée et son manque de confiance en elle ainsi que sa blessure d'amour fondamental ne feront que s'amplifier.

Persuadés qu'ils sont injustement traités, ces Caliméro relationnels sont en grande détresse d'amour, mais ils ne savent pas donner ce qu'eux-mêmes réclament à grand cri.

La projection : appliquer ses fragilités aux autres pour ne pas les voir en soi

Lorsque nous ne voulons pas nous voir, nous utilisons un mécanisme psychique particulier : la projection de notre inconscient à l'extérieur. Celle-ci court-circuite le conscient. Par ce phénomène, des affects (des sentiments provenant de notre propre psyché, mais inconscients) sont vus comme s'ils émanaient des autres. Cela produit une vision déformée de la réalité extérieure.

★ Sébastien reproche de façon répétitive la même chose à toute personne de son entourage. Il voit chez autrui le mécanisme qui est le sien : l'indifférence à son égard. Il estime que l'autre est toujours froid et sans sentiment. Il ne se rend pas compte que sa préoccupation et son inquiétude quant au désintérêt éventuel d'autrui inhibent toute sa communication. Très tourné vers lui-même et son souci d'être aimé, il ne voit plus les autres. Cette indifférence perçue à l'extérieur est en fait la sienne, qu'il projette.

La projection permet de ne pas se voir tel qu'on est. Cela montre à quel point il est difficile d'accepter ses faiblesses.

C'est un fonctionnement psychique commun. Il est parfois difficile à percer si on ne fait pas un travail personnel d'analyse.

Le désespoir

Dans d'autres cas, une hypersensibilité mal contrôlée transporte vers des gouffres et des déchirures dont il peut être compliqué de se remettre. Si on se laisse envahir par le désespoir, la désillusion, le côté insensé de la vie, si on pense que le néant et la solitude sont intrinsèques à l'existence, alors on risque de glisser vers des pentes dangereuses.

L'autodestruction

La nature humaine recèle en elle des désespérances et des abîmes dont on se demande parfois s'ils ont une limite.

Les exemples abondent dans les domaines artistiques. L'artiste est confronté à ses profondeurs, à un feu créateur qui peut s'avérer dangereux s'il se laisse dévorer par les flammes et s'il ne parvient pas à garder contact avec le réel.

> « Nul n'a jamais écrit ou peint, sculpté, modelé, construit, inventé, que pour sortir en fait de l'enfer.[1]

Cet enfer emmène son sujet vers des limites, des lieux où il se perd, se détruit, se blesse, se brûle, s'enferme, s'anéantit. Il est dangereux de rester dans ces endroits trop longtemps : la folie guette.

1. *Van Gogh, Le Suicidé de la société,* Antonin Artaud, éditions Gallimard, collection L'imaginaire, 2014, page 60.

“ J'ai avalé une fameuse gorgée de poison... Les entrailles me brûlent. La violence du venin tord mes membres, me rend difforme, me terrasse. Je meurs de soif, j'étouffe, je ne puis crier. C'est l'enfer, l'éternelle peine ![1]

Le poète semble vouloir nous servir de guide vers cet enfer dans lequel il plonge avec toute sa lucidité, toute sa force de vie. Il veut voir, aller plus loin, nous montrer. Il est témoin, passeur de quelque chose de très noir en lui et en nous.

> L'exemple de la destinée de Camille Claudel est celui d'une fragilité qui, transformée en fulgurance dans un premier temps, l'a ensuite précipitée dans le chaos. La force créatrice et la sincérité de Camille Claudel n'ont pas été entendues. Enfermée à l'asile par une famille peu compréhensive de son génie et peu protectrice, elle y finit ses jours dans une solitude et une pauvreté extrêmes.
>
> “ Un matin, ils avaient décidé pour elle : elle n'aurait pas le temps de vieillir. Ils l'avaient soustraite au temps, à la vie, au souvenir, plongée à vif dans l'enfer.[2]
>
> Elle se brûle les ailes, complètement absorbée par son œuvre, heurtée par les scandales provoqués par les formes novatrices, osées pour l'époque, de ses sculptures, profondément blessée par le soupçon sans cesse émis de n'être que l'élève du maître, de le copier. Pourtant son génie créatif est au même niveau que celui de Rodin. Sa vie de femme ne peut s'épanouir dans un monde de sculpteurs très masculin, dans une société bourgeoise où son comportement de fille libre est jugé très négativement, dans une famille débordée par cette déferlante de créativité exceptionnelle

1. *Une saison en enfer,* Arthur Rimbaud, in *Œuvres*, éditions Pocket classiques, 2010, page 203.
2. *Une femme*, Anne Delbée, éditions Le Livre de poche, 2013, page 411.

qui ne souffre aucun compromis. « *Un génie, aux côtés de Rodin* », écrit le critique d'art Octave Mirbeau.

> Devenue une fabuleuse clocharde ! Des yeux dévastés offrant leur misère au beau monde... »[1] « La voici frappée, jetée à terre. Elle ne dit pas un mot. Une femme nue, ce n'est pas supportable. Elle se laisse emmener, sans mot dire. Les ailes rognées. La camisole est usée.[2]

Camille Claudel n'a pas pu canaliser en elle une force qui a fini par l'anéantir, qui l'a emportée dans son tourbillon de folie. Elle a plongé dans un isolement qui n'a trouvé ni soutien, ni compréhension.

La violence

La violence des individus comme de la société est issue de leur fragilité.

> Au sein de notre espèce humaine, l'agressivité apparaît comme une alternative à la non-résolution des conflits, qu'il s'agisse de problèmes individuels ou de conflits de société.[3]

La violence archaïque

Guerres, destructions, agressions sont des phénomènes propres à toutes les espèces, végétales, animales ainsi qu'à l'humanité.

Chez toutes, la vulnérabilité est accrue au moment de périodes de construction de la vie : implantation sur un territoire, recherche de nourriture, quête de partenaires sexuels, élevage des petits. C'est alors que l'agressivité est utile, destinée à conquérir et protéger ensuite le fruit de la conquête, ainsi

1. *Ibid.*, page 443.
2. *Ibid.*, page 458.
3. *La Loi de la jungle, L'agressivité chez les plantes, les animaux, les humains,* Jean-Marie Pelt, éditions Fayard, 2003, page 213.

qu'à s'organiser pour éviter la mort et pérenniser l'espèce. Cependant, cette agressivité première et archaïque a bénéficié, chez l'ensemble du vivant, de bon nombre d'arrangements, détournements, sublimations, pour être progressivement remplacée par des comportements ritualisés, efficaces et non-violents. Chaque espèce a appris à canaliser sa violence pour protéger son groupe et équilibrer les forces.

> « De l'agression intra-spécifique à la mise en place de liens personnels stables, long est le chemin parcouru par l'évolution ![1]

Sans cette canalisation de l'agressivité vers des rituels, certaines espèces auraient disparu depuis longtemps dans un déchaînement de violence.

Parmi de nombreux autres exemples, celui des loups illustre bien ce sujet dans le livre que Jean-Marie Pelt consacre à l'agressivité :

> « Chez ces animaux, l'expression de l'agressivité subsiste, mais l'acte meurtrier ne va jamais jusqu'à son terme : les crocs menacent mais ne tranchent pas la jugulaire. Un puissant processus d'inhibition s'est mis en place, remplaçant les combats par un simulacre.[2]

Voilà de quoi nous donner à méditer… Qu'en est-il des humains ?

Les métropoles déshumanisées renvoient l'individu à la solitude et au vide, le privent de tout repère, contribuant à augmenter son sentiment de précarité. Comme il n'est pas assez contenu dans des événements ritualisés, ce sentiment s'amplifie, s'installe, s'insinue en lui. Pour tenter d'échapper à la vulnérabilité et au sentiment d'exclusion, la tentation est grande de vouloir rejeter et détruire l'autre, le différent. Ce

1. *Ibid.*, page 147.
2. *Ibid.*, page 167.

faisant, on croit sauvegarder territoire et niveau de vie. Si les paroles et les idées sont suivies du passage à l'acte, alors rivalité et violence éclaboussent tout sur leur passage.

> « L'agressivité serait ainsi le prix à payer pour une fragilisation des structures sociales dans lesquelles sont insérés les individus.[1]

Dans un monde en mouvement, riche en communication et en informations, où biens et individus circulent vite et souvent, où les échanges d'idées et de connaissances sont faciles et mondiaux, nous ne pouvons plus nous contenter d'harmoniser nos relations avec nos proches, notre village, notre quartier, notre entreprise, avec nos semblables réunis en petits groupes.

Les groupes éclatent, les mouvements d'entrée et de sortie des communautés sont incessants, les échelles de valeur et de position sociale sont élastiques. Si bien qu'il nous faut apprendre à accepter les différences entre les individus, qu'elles soient culturelles, liées à un mode de vie ou à des croyances. Nous sommes de plus en plus en contact avec le différent, l'étranger. Celui-ci vient parfois de très loin, et il envisage le monde d'une manière qui ne nous est pas familière.

Il nous faut apprendre encore plus de tolérance, car nous évoluons dans un groupe humain de plus en plus conscient de son existence. Et de sa précarité.

Or, cet apprentissage-là est loin d'être réalisé. Il se fait à la marge, il engendre beaucoup de réticences, de heurts, de difficultés, de haines.

La violence individuelle

L'individu a beaucoup de violence à exprimer. L'agressivité sert à grandir, à évoluer, à passer d'une étape à l'autre. Mais

1. *Ibid.*, page 212.

son revers en est une agressivité non-constructive : on massacre l'autre pour ne pas être soi-même abattu.

Les mises en scène très banalisées du crime et de la violence dans un grand nombre d'œuvres cinématographiques ou littéraires, dans le domaine de la bande dessinée, des jeux vidéo pourraient susciter quelques réflexions.

Qu'en est-il des projections de notre violence intérieure sur ces images, dont certains se plaisent à montrer des scènes insoutenables pour le spectateur ?

Que reste-t-il psychiquement, quelles traces mnésiques persistent-elles de ces expériences de terreur vécues au fond de son fauteuil, les yeux emplis d'effroi ?

Nul doute que l'amygdale, relais neuronal des peurs archaïques, reçoit ces émotions, les traite, les envoie à tous ses récepteurs, qui eux-mêmes se mettent en activité : le circuit de la peur et de l'agressivité servant à se protéger contre l'agression se met en branle, activé *bien réellement* par du virtuel.

La violence est une réponse au stress. Est-ce que nos angoisses à vivre deviennent si prégnantes que nous avons besoin d'activer nos circuits de réponse amygdalienne à l'agression ?

★ Régis : « J'ai eu une enfance sans parents, ballottée de familles d'accueil en foyers. Tout pour être perturbé. Pour m'en sortir, il a fallu que je me blinde, que je me durcisse. Dans le monde marginalisé où j'ai rapidement atterri, la violence a été ma défense, mon mode de survie, mon salut. J'ai fait de la prison. Grâce à des rencontres, j'ai réussi à décrocher une formation. J'ai pris du recul et, surtout, j'ai décidé de ne pas plonger à nouveau dans la violence. J'ai appris à prendre sur moi, j'ai canalisé mes impulsions dans des activités, j'ai dû me guérir de ma violence par les paroles, le dessin. Ça a été très difficile. Mais j'ai réussi. Je suis maintenant adepte de la non-violence. Je suis devenu dessinateur de BD, je suis reconnu, et je m'occupe aussi de la réinsertion de jeunes en difficulté. J'ai besoin de m'impliquer auprès de ces adolescents car j'ai été comme eux, je sais ce qu'ils vivent. »

La fascination pour le désespoir

Ouvrons une page de Cioran, philosophe nihiliste s'il en est, thuriféraire du désespoir et encenseur de la glaciation relationnelle :

> « La mort : le sublime à la portée de chacun. » « La vie, non sublimée en rêve, ressemble à une apocalypse de la bêtise et de la vulgarité. Qui la supporterait sans son coefficient d'irréalité ? » « Le fardeau de l'existence devient supportable lorsqu'il pèse jusqu'à l'étouffement. » « L'acte du suicide est terriblement grand. Mais il me paraît plus épouvantable de se suicider chaque jour... »[1]

Lire Cioran, c'est aussi parcourir l'extravagance d'une pensée morbide, exagérément pessimiste, qui ne voit qu'une matière grise et inerte quel que soit l'objet observé. Cette obstination finit par être amusante. Comme si l'on parvenait ainsi à se moquer de soi-même ? On peut aussi y voir l'ombre de l'humour noir.

Humour ou pas, Emil Cioran, malgré ses fortes tendances suicidaires et son discours dépressif, est mort âgé (à 84 ans), pris dans les gangues du naufrage de la mémoire et de la sénilité, vivant jusqu'au bout le côté absurde de la vie qu'il a tant décrié.

Dans l'expression artistique, la noirceur et le nihilisme séduisent, attirent, fascinent. Ils s'adressent à nos doutes, nos zones d'ombre, à nos points sensibles. Et nous permettent de nous ouvrir à ce monde intérieur peuplé de nos fantômes, de nos illusions dérisoires, de nos vaines tentatives de nous échapper de la solitude, de la vieillesse, de la mort. Humains liés par une communauté de destins, une même conscience de la mort, nous entrons dans ces zones avec le peintre ou l'écrivain, guidés par lui, donc moins seuls. Nous y pénétrons

1. *Le Crépuscule des pensées*, Emil Cioran, éditions Le Livre de Poche, collection Biblio essais, 1993, pages 81, 94, 95.

effrayés, mais en même temps familiers, comme en terrain connu. Nous partageons les mêmes terreurs.

> Dans son essai *Professeurs de désespoir* Nancy Huston explore cette fascination morbide des écrivains et philosophes nihilistes. Ceux-ci qui crient haut et fort – pour être entendus donc – leur perception néantiste de l'existence et l'isolement de l'individu dans un monde barbare, le tout énoncé comme une vérité absolument irréfutable. Plus largement, Nancy Huston pointe notre attirance vers ces professeurs de désespoir, qui nous ont séduits, convaincus, voire aidés un jour, à un moment difficile de notre vie.
> La noirceur est une recette infaillible qui magnétise beaucoup de monde.
> La vision de ces écrivains (Arthur Schopenhauer, Emil Cioran, Thomas Bernhard, Samuel Beckett, Milan Kundera, Elfriede Jelinek – l'auteur de *La Pianiste* –, Michel Houellebecq, Christine Angot, Sarah Kane) est celle d'un humain émotionnellement pauvre, sans lien, ayant horreur de l'enfance, de la transmission, du corps, coupé de lui-même et des autres.
> Cette pensée, dit Nancy Huston, l'a elle-même captivée dans sa jeunesse, jusqu'à ce qu'elle sorte de cette conception adolescente et entre dans la vraie vie d'adulte, pleine et riche en événements, liens et sensations. Elle a retrouvé goût aux échanges et aux nombreux atouts d'une existence authentique.

Les auteurs nihilistes stigmatisent la souffrance humaine, amplifient jusqu'à l'abject leur propre dégoût du monde, de l'homme, de la vie. Tous décrivent l'être humain comme un être mou, sans désir de construction, en attente passive, éructant de haine pour le corps, la maternité, les relations parents-enfants, en échec dans toute communication.

Des similarités dans les histoires personnelles de ces écrivains donnent une indication sur les sources possibles d'une telle noirceur.

> « On peut donc déceler un lien entre la perte d'attaches, le flottement identitaire qui en résulte, et le choix du non-sens comme attitude philosophique.[1]

On retrouve là l'importance des notions d'attache affective fondamentale et de structure identitaire forte, qui permettent de s'engager avec un minimum d'optimisme et de courage dans la vie.

Ce déchaînement de morbidité et ce déferlement de noirceur datent précisément du XXe siècle : ils sont nos contemporains.

> « À quoi est dû cet écart grandissant, à l'orée du XXIe siècle, entre ce que nous avons envie de vivre (solidarité-générosité-démocratie) et ce que nous avons envie de consommer comme culture (transgression-violence-solitude-désespoir) ?[2]

La tendance serait même de considérer cette vision – une destinée vide de sens se précipitant vers l'absurde mort – comme la seule vérité valable. Toute version plus douce et optimiste ou constructive serait d'une niaiserie confondante.

Grâce à ces proses prônant le désespoir, le vide, le néant, notre côté sombre trouve un exutoire.

Cette fascination répond en effet à une partie de notre être qui n'a pas droit de cité dans la vie : l'être en doute sur le sens de la vie, en proie à la peur de la mort, à la menace de son anéantissement, de son exclusion.

Les nihilistes nous aident à sublimer cette partie sombre en nous : ils la disent avec beaucoup de talent, de conviction, de

1. *Professeurs de désespoir*, Nancy Huston, éditions Actes Sud, 2004, page 340.
2. *Ibid.*, page 18.

force incandescente. Leur fougue et leur rage nous émerveillent. Grâce à eux, nous nous sentons moins seuls, tant il est vrai que toute souffrance naît de la blessure du lien. Toute souffrance se décline sur cette absence, ou présence-absence ou carence ou distorsion, du lien à l'autre.

Les auteurs savent traduire le désespoir et l'extrême solitude de notre nature humaine en un langage compréhensible par tous. Ils soignent artistiquement la forme de leurs écrits, leur style, pour communiquer avec nous sur notre commune partie fragile. Ils nous aident à nous sentir moins désespérément seuls, précisément lorsque nous naviguons parmi nos démons intérieurs. L'appel des nihilistes à être entendus n'est justement pas désespéré, car s'il y a appel, c'est qu'il y a espoir.

Ironiquement, leur volonté farouche de nous convaincre du néant démontre exactement le contraire : elle prouve qu'ils ne sont pas seuls, qu'ils sont reliés et aiment à nous parler !

Notre propre délectation parfois à la lecture de ces œuvres ou à l'évocation de ces idées tranchantes comme des couteaux nous ouvre alors la voie pour les transcender, pour en faire une source de créativité.

Conclusion

Nous avons éclairé dans ce chapitre les points de vue consistant à nier la fragilité ou à s'enfoncer dans la désespérance. Renier ses faiblesses d'abord : cela n'entraîne-t-il pas une inaptitude à vivre pleinement ? Les exemples montrent en effet que les ressorts manquent à ceux qui restent fermés à cette partie de leur potentiel.

Ensuite, se laisser charmer et étourdir par les sirènes du désespoir ne débouche pas sur du positif, et le risque de chute est sérieux.

Les deux postures donnent plutôt envie de respirer un autre air !

La complexité de la construction individuelle, la densité des échanges et la plasticité du fonctionnement humain constituent un terreau à notre disposition. À nous d'y puiser des forces régénératrices : l'énergie vitale et la créativité. Inventer notre existence est possible.

Au cours du temps, mon exercice professionnel m'a montré que les ressorts de la vie, de la guérison, de l'inventivité sont en nous, insérés précisément dans nos parts de fragilité.

CINQUIÈME PARTIE

LA FRAGILITÉ COMME PROCESSUS INITIATIQUE

Les étapes pour faire de sa fragilité un atout de vie

« En toi cette force –
Comme si
Tu ne savais rien –

Et qui fait. »

Guillevic

Comment faire de sa fragilité une force ?

Comment valoriser sa part sensible plutôt que la considérer comme quelque chose de honteux ?

Comment faire un atout de sa sensibilité, de ses émotions, de sa conscience du caractère à la fois merveilleux et tragique de la vie ?

L'éclairage que je propose consiste à considérer la fragilité comme un moteur pour faire évoluer sa vie. L'objectif de ce chapitre est de vous proposer des pistes de réflexion et de travail sur vous, des idées comme autant de sources d'inspiration pour vous donner envie de puiser dans vos expériences de souffrance et de mal-être les ressources et les pépites de vos forces et capacités. Mettez en valeur vos qualités de fragile au lieu de les cacher ou de les nier.

Le voyage vers sa fragilité constitue un parcours d'apprentissage et de révélations. Comme tout voyage initiatique, il est constitué d'étapes parfois difficiles à franchir, de phases de découragement mais aussi de phases d'enthousiasme.

Je vous propose quelques jalons, quelques indicateurs qui ont servi à d'autres voyageurs également en quête d'eux-mêmes, mus par leur faim « d'autre chose ».

Le voyage vers sa part sensible est un mouvement vers les fondamentaux de la vie : vers soi, vers au-delà de soi, vers les autres, vers sa sensibilité et vers une ouverture plus grande au monde ; vers la créativité, vers la construction de la plénitude de sa vie.

Le mouvement vers soi : apprendre à se connaître

Pour faire de votre fragilité une force, apprenez d'abord à mieux vous connaître. Développez votre goût pour l'introspection.

Le fragile aime généralement l'introspection et les questionnements existentiels. Il peut mettre ce goût à profit pour mieux se connaître. Sonder son âme évite de chercher à l'extérieur des réponses, des explications, des causes qui ne s'y trouvent pas. Faire de sa fragilité une force passe par la connaissance de soi. En effet, comment construire une conscience d'être sans puiser à l'intérieur de vous les éléments nécessaires ? si vous fermez les yeux précisément sur cet être profond ? Il faut se connaître d'abord avant de connaître le monde.

Ce n'est qu'après avoir pénétré avec une torche éclairante dans la forêt enchevêtrée de vos fonctionnements appris construits sur les peurs – des obstacles à votre connaissance vraie de vous-même – que vous pourrez commencer à voir, tapis au fond des broussailles, vos désirs, vos motivations sous-jacents. Et bien présents.

Se connaître, c'est s'occuper des blessures anciennes

Allez puiser dans votre passé-source, pour vous y alimenter en énergie de vie.

Les blessures non-cicatrisées empêchent d'accéder à la liberté intérieure, à l'indépendance de jugement, au potentiel de vie. Sans même s'en rendre compte, vivre avec des histoires lourdes, non-exprimées, non-cautérisées, fragilisant la structure psychique, conduit vers des choix de vie destinés à combler les manques. Tant que la plaie n'est pas pansée, elle saigne, elle crie. Et elle cherche sa consolation.

★ Iris : « J'ai vécu ma vie professionnelle et affective sans grand enthousiasme. Je suis restée à un emploi peu intéressant mais stable. J'ai eu des relations avec des hommes qui me rassuraient, mais avec lesquels, au fond, je n'avais aucune affinité, je ne m'épanouissais pas, je m'ennuyais sans me l'avouer. Tous mes choix affectifs étaient inconsciemment et uniquement dictés par le besoin de sécurité. J'obtenais satisfaction dans la fusion des débuts, puis cela s'éteignait, et la médiocrité de ce que je vivais m'apparaissait.
Lorsque j'ai réfléchi profondément à ma vie, je me suis aperçue du manque de dynamisme et de stimulation de celle-ci. Et j'ai eu envie que cela change. Dans un effort d'introspection, j'ai vu que je n'avais jamais fait le lien avec un élément traumatisant de mon histoire – que je n'avais d'ailleurs jamais perçu comme tel – : mon père s'est suicidé alors que j'avais 15 ans. J'ai toujours pensé que cet événement n'avait quasiment pas laissé de traces en moi. Mais je m'aperçois maintenant qu'au contraire, il a été une atteinte terrible, après laquelle je n'ai jamais pu m'investir réellement avec un homme. J'ai été bloquée dans mon affectif par la disparition de mon père, sur laquelle je n'avais jamais travaillé. Après une thérapie, qui m'a permis d'extraire ce morceau émotionnel coincé dans mon psychisme, je me suis ouverte à d'autres horizons, j'ai rendu ma vie épanouie comme jamais elle ne l'avait été. »

Le travail thérapeutique vise à renforcer le moi si celui-ci est fragilisé par les blessures d'enfance, les problèmes de place, de légitimité, de non-reconnaissance en tant que sujet… et tous les maux qui les accompagnent.

Il est nécessaire aussi de veiller à ne pas se donner un statut de victime, assez gratifiant somme toute, mais qui est un piège dont il est urgent de s'extraire si l'on veut vivre sa vie.

“On se complaît dans sa souffrance si on ne la dit pas à quelqu'un qui vous en débarrasse.[1]

Dépasser la souffrance permet ensuite de laisser renaître le désir.

Le passé est une source.

Le souvenir, même traumatique, est « travaillé » par le psychisme. S'il ne peut l'être spontanément, la psychothérapie analytique l'y aide : l'émotion douloureuse devra être absorbée et transformée par les capacités naturelles du fonctionnement psychique. Pour cela, celles-ci ont besoin d'être activées et entretenues, surtout si le traumatisme a créé un clivage ou un repli.

Dans tous les cas, vous pouvez faire de vos souvenirs, de votre passé, un socle sur lequel bâtir la suite. Solidifier cette base, quelle qu'elle soit, est nécessaire pour dépasser les freins, les inhibitions, la peur de l'avenir. Voir clair dans ce que vous avez vécu aidera à mieux connaître vos possibilités, à mieux discerner ce que votre passé comporte de richesses, pour les faire fructifier.

Parfois, au lieu de se souvenir, on est tenté d'oublier et d'anesthésier ses facultés propices au changement par un médicament, un « divertissement de masse » ou une addiction.

Cependant, une partie du psychisme est au courant de ce que l'autre cherche à éviter. Une partie ne se ment pas. Elle s'exprime alors sous forme de symptômes corporels ou de comportements compulsifs, de rêves, d'angoisses ou de mal-être, par exemple. Accepter de considérer ces signaux issus du corps et de l'inconscient – des parts de soi qui, elles, ne connaissent pas le mensonge –, regarder ce qu'il

1. *Tout est langage,* Françoise Dolto, éditions Le Livre de poche, 1990, page 117.

y a derrière toutes ces difficultés et ces comportements incompréhensibles permet tout d'abord de se réconcilier avec eux. Les observer, les approcher, c'est déjà ne pas les laisser seuls au gouvernail. Dans un premier temps, ils sont toujours actifs, mais le conscient, observateur présent et attentif, les accompagne désormais. C'est un premier pas vers la prise de conscience.

Ce travail de « tour du propriétaire » de soi-même, de mise au jour des éléments de son fonctionnement psychique, guide vers une plus grande authenticité.

Se connaître, c'est aller voir du côté négatif

Ne négligez pas de reconnaître vos petites lâchetés, vos tromperies, vos négligences, vos fonctionnements de fuite ou de déni de la réalité. Ce sont ces faiblesses, une fois acceptées, que vous pourrez faire évoluer.

L'individu se doit la vérité sur lui-même d'abord à lui-même. Ce serait un premier remerciement à la vie. C'est le moins qu'il puisse faire pour lui-même et pour épargner les autres…

Or, se dire la vérité produit une telle angoisse que, la plupart du temps, cet exercice est évité.

Au lieu d'aborder cette vérité, certains s'enferment dans ce qui est appelé « l'auto-mensonge ». Raconter à soi et aux autres une histoire dans laquelle on a le beau rôle est très fréquent et parfois totalement inconscient.

Pour mettre en valeur nos forces insoupçonnées, le premier pas est celui vers notre vérité : ne plus nous mentir, ne plus ignorer ce que disent ces fonctionnements irrationnels qui échappent à notre contrôle, ne plus rejeter sur les autres ou sur les circonstances extérieures les causes de tout ce qui ne va pas.

À un certain moment, il est nécessaire de changer de point de vue, de se recentrer, de se voir tel que l'on est pour avancer en pleine conscience de ses atouts et de ses insuffisances.

> **La prise de conscience**
>
> Être ignorant de soi-même est une forme d'évitement. Cependant, prendre conscience qu'on est en train d'esquiver constitue une étape importante dans la connaissance de soi-même. Si on fuit, il faut savoir pourquoi on le fait et déterminer ce à quoi on cherche à se dérober.
>
> Plus tard, peut-être, on pourra affronter la situation, car on aura une meilleure perception de ses peurs intérieures. On aura appris à les relativiser. À les surmonter. À les apprivoiser.

Si tout le monde vous renvoie la même image, posez-vous la question de ce qui se passe, osez vous dire que, peut-être, il y a là une part de vérité. Ce n'est pas toute votre vérité profonde, mais une parcelle de vous qui s'exprime par les messages que vous envoyez inconsciemment. Cette part vous échappe, émanant d'une force inconsciente. Il est nécessaire de s'interroger alors sur les intentions secrètes qui abritent certains de vos comportements et attitudes.

★ Simon : « Tous les compagnons que j'ai eus m'ont reproché exactement la même chose, et nos relations se sont terminées exactement de la même façon. Mes partenaires ont tous dit qu'au bout de quelques mois, ils avaient peur de moi, peur de mes réactions extrêmes, violentes, excessives. Ils m'affirmaient que j'étais souvent de mauvaise humeur, que j'avais quelquefois des gestes impérieux, que nous étions régulièrement en conflit, que je n'étais pas très tendre, que je ne disais jamais de paroles affectueuses, qu'ils ne se sentaient pas rassurés sur le plan affectif.

Après avoir passé beaucoup de temps à nier farouchement, après avoir considéré que mes partenaires étaient injustes, après avoir pensé que mes agissements étaient pleinement justifiés en raison de leur comportement, et suite à une rupture qui m'a fait beaucoup souffrir, j'ai décidé de me voir dans ce miroir négatif que me tendaient les autres. J'ai pris chacun des points de vue sur moi et je les ai observés de l'extérieur. Je me suis demandé : et si c'était vrai ? Ce travail m'a amené à comprendre en profondeur pourquoi je me comportais ainsi et pourquoi je dégageais cette violence. J'ai alors pu m'exprimer réellement sur mes émotions, dire ce que je ressentais. Ce fut une remise en question totale. »

Les autres sont d'excellents miroirs pour apprendre à se connaître. Ils permettent de mieux se voir et de s'améliorer humainement.

Il est impossible d'effectuer un chemin authentique si on n'écoute pas, si on n'entend pas un peu ce qui bruit alentour, ce qui se dit et se manifeste. De temps en temps, seul ou accompagné par un thérapeute, il est bon de s'arrêter pour se regarder vivre.

La condition première pour se renforcer consiste à comprendre et accepter le négatif ou le perfectible en soi, tout en cultivant ses côtés positifs et aidants.

Personne n'est sans faille. Chacun a les siennes, nul besoin de les chercher chez l'autre.

Mieux vaut partir à la rencontre de celles que l'on a en soi, pour en tenir compte et aller de l'avant.

Voir nos faiblesses dans le miroir tendu par les autres nous aide à canaliser nos excès.

Se connaître, c'est apprendre à s'assumer

Acceptez-vous tel que vous êtes, c'est votre point de départ pour voir vos forces s'épanouir.

S'assumer, c'est accepter de se dire et ne pas se cacher, ni à soi ni aux autres ; c'est ne pas avoir honte de soi, de ses origines sociales, de telle ou telle particularité.

S'assumer, c'est ne pas vouloir être ce qu'on n'est pas, pour plaire, pour correspondre à la norme.

S'assumer, c'est regarder un peu ses craintes, les considérer de près : de quoi ai-je peur ? Pourquoi ?

Les peurs existent toujours, même si elles sont inconscientes.

Elles nous ont servi de guide, de conscience : nos antennes nous aident à être vigilants sur tout, elles nous ont appris à nous défendre, donc à épier – car il a fallu se protéger très tôt contre des agressions, des injustices, des non-dits, des secrets.

Or, ces peurs, maintenant, sont à extraire de leur silence. Elles nous ont été utiles au cours d'une enfance tourmentée ou malmenée, en cas de vécus traumatiques ou dans des circonstances de troubles. Désormais, elles doivent être remerciées. Il n'est plus nécessaire qu'elles conservent leur force. Certaines, devenues accessoires, peuvent même être totalement congédiées afin qu'elles ne bloquent pas nos aspirations. Bien sûr, elles ne vont pas disparaître. Elles sont à étudier de près, pour vérifier leur intensité, leur socle, et les apprivoiser, les désactiver, les diminuer.

★ Laëtitia : « Dès que je suis confrontée à une autorité, je me bloque, je me soumets, je ne suis plus moi-même. J'ai peur de mal faire lorsqu'un supérieur hiérarchique s'adresse à moi ou me dit quelque chose sur mon travail. Je ressens son hostilité, son mécontentement. Et je me rends compte que je suis en dessous de mes capacités habituelles. Cela me handicape vraiment. J'ai réfléchi aux origines de ce malaise. Et j'ai pris conscience que je reproduisais la peur de ma grand-mère, qui régnait sur ma famille quand j'étais enfant et avec laquelle nous vivions, mes parents et moi. Mes parents n'osaient pas la contrarier, ni même lui répondre lorsqu'elle assénait des vérités ou des diktats insupportables. Elle ne m'aimait pas, du moins je le pensais. D'ailleurs, elle semblait n'aimer qu'une seule personne : mon frère. J'ai toujours eu le sentiment qu'elle ne m'appréciait pas parce que j'étais une fille

et qu'elle préférait les garçons. Je reproduis ce schéma au travail, où je pense toujours que les hommes sont privilégiés.
En apprivoisant cette peur et en faisant ce lien, j'ai réussi à séparer les deux situations. Je me suis remémoré les raisons qui ont rendu mes parents soumis à cette femme. Je ne leur en veux pas. Ainsi, je peux dédramatiser, me tranquilliser, mettre de la distance et voir ma peur actuelle diminuer, car elle n'est que le reflet d'une peur plus ancienne. »

La fragilité se cache sous une introversion apparente, caractéristique de bien des fragiles. L'introversion désigne une propension à aimer l'intériorité, une tendance à être à l'aise dans la solitude. Elle s'oppose à l'extraversion, qui qualifie une façon d'être plus démonstrative et une tendance à préférer les échanges avec l'extérieur. Ces deux notions, tels le yin et le yang, sont complémentaires.

Cependant, l'introversion est parfois amalgamée à du mépris, de la suffisance ou même de l'incompétence. Un introverti est souvent assimilé à un craintif, un inhibé, un timide, un réservé, un placide.

De ce fait, beaucoup d'introvertis se sentent anormaux, différents et se considèrent mal jugés.

La mauvaise image des introvertis

Les timides, les pudiques, les personnes mesurées, au comportement tranquille, aimant la réflexion et ne craignant pas l'ombre ni l'isolement n'ont pas bonne presse dans une société où l'extraversion, l'exhibition, la transparence, l'exubérance et l'impudeur sont à l'honneur. Un enfant sage et à l'écoute est soupçonné d'être inhibé, atone ; il semble décalé, alors qu'il y a quelques années, on aurait jugé son attitude normale.
Même lorsqu'il réussit, le réservé reste mal apprécié par certains. C'est le cas de Barak Obama, un introverti célèbre ayant réussi à devenir président des États-Unis, réélu de surcroît, mais en butte à des critiques fortes et récurrentes sur une certaine arrogance qu'on lui prête, sur son manque de goût pour les collectifs populaires

et sa réserve (on dit même sa froideur) en public. Son aspiration au repli en famille, aux contacts avec des intellectuels, ne le rend pas sympathique aux yeux de certains.[1]

Prenez conscience des valeurs et des qualités attachées à l'introversion. Ne la malmenez pas, ne la fuyez pas comme un défaut : vous constaterez qu'elle s'avère au contraire une grande preuve de force lorsqu'elle est alliée aux sentiments et aux émotions.

Assumer sa fragilité, c'est peut-être se rendre compte que des qualités à valoriser s'y abritent :

- La discrétion, la mesure, la modestie, la sagesse ;
- L'écoute, le goût des échanges profonds et riches ;
- Le contact avec le monde émotionnel et affectif ;
- La force de travail, le goût de l'étude, de la réflexion, de l'argumentation, des sujets sérieux ;
- La stabilité, la cohérence, la structuration de la personnalité ;
- L'indépendance à l'égard des modes, des clichés, des a priori…

Ces qualités sont à cultiver, car elles sont rares et précieuses.

On se plaît parfois à rêver d'un monde plus calme et plus réfléchi à la place de l'agitation, du consumérisme, du bruit, de l'affolement général et de la course au « toujours plus ». Un monde pour pallier ces crises identitaires de groupes humains qui engendrent troubles, états de choc et conflits.

“Quel bienfait si l'on encourageait le monde à plus de solitude et de réflexion (les vitamines de l'introverti), si l'on s'autorisait des moments d'ennui sans s'affoler…[2]

1. Exemple cité par Laurie Hawkes, *in La Force des introvertis*, éditions Eyrolles, 2013.
2. *Ibid.*, page 165.

Se connaître, c'est être en accord avec qui l'on est

Y compris dans vos contradictions et vos tourments, cherchez votre unité, votre cohérence, votre harmonie, qui engendrera votre singularité.

Si je me connais bien, je saurai accorder ce que je pense au fond de moi avec ce que je montre à l'extérieur. Si le sentiment éprouvé est en accord avec la conscience que j'ai de ce sentiment, alors je suis dans la sincérité, d'abord vis-à-vis de moi. Il en découle automatiquement une authenticité dans le rapport aux autres.

Cela ne signifie pas tout dire, mais cela signifie surtout ne pas se mentir à soi-même, être conscient de ce que l'on ressent. C'est-à-dire ne pas chercher à composer avec un rôle qui n'est pas le sien, une représentation artificielle donc insincère, qui engendre un mal-être visible. C'est adopter une attitude qui sera conforme à ce que l'on est, en adéquation avec son être, sincère avec soi-même. L'apparence entrera en résonance avec l'intérieur, et du tout émanera une harmonie perceptible par l'entourage.

Cette cohérence entraînera une unité, une stabilité, une force qui feront dire : « Je peux faire confiance à cette personne, elle est présente en tant qu'être. Elle n'est pas en représentation, elle n'est pas dans un rôle, elle est elle-même. »

Ceci permet d'être authentique, présent à la situation.

> « Quand tel est le cas, je deviens intégré et unifié, et c'est alors que je puis être ce que je suis au plus profond de moi.[1]

1. *Le Développement de la personne*, Carl Rogers, éditions Dunod, 1978, page 39.

La rencontre avec la difficulté d'être apprend à être vrai. Si l'on a éprouvé la force de la vérité, si l'on a creusé un authentique chemin vers sa liberté d'être, on ne peut plus faire semblant.

Cette harmonie entre l'apparence et l'être est très difficile à établir. Elle nécessite un long cheminement intérieur, une grande conscience de soi, un apaisement dans le rapport à soi.

Se connaître, c'est transcender ce que l'on est

Vous avez en vous d'autres dimensions, apprenez à les identifier, à leur faire confiance.

Accepter l'imperfection, accepter l'incomplétude mais ne pas s'en satisfaire, transcender ses propres faiblesses pour en faire des forces : tels sont les ressorts à trouver en soi.

Être fragile, c'est avoir appris à s'interroger, à interroger le monde. C'est connaître l'urgence et le drame de la vie, c'est ne pas se complaire dans la facilité. Être fragile, c'est avoir appris à se battre et à se dépasser. C'est chercher toujours quelque chose après s'être cherché soi. C'est se confronter aux difficultés, c'est avoir le courage « d'y aller ».

Être fragile, c'est ne pas baisser les bras, ou pas longtemps, car on sait que le désespoir peut anéantir. On a déjà connu la déroute, la solitude. Alors on se méfie, on est en alerte, on se renforce. On est plus vigilant que la moyenne. On a la sensibilité aiguisée. On n'est sûr de rien. On cherche, donc on continue à marcher…

On s'arc-boute, on se resserre, on se bagarre pour avancer toujours ! On ne se contente pas de vivre. On vit au-dessus de ses moyens, au-dessus de ce qui était programmé, puisque l'on a déjà dû éprouver ses forces plus que la moyenne pour surmonter les difficultés.

★ Diane : « Mon chemin de vie a débuté dans le chaos, puisque mes parents ne vivaient pas ensemble et étaient de condition sociale très différente. Ils ne m'ont pas élevée, ni l'un ni l'autre ; j'ai été confiée à mes grands-parents, qui se sont occupés de moi jusqu'à mes onze ans. Ensuite, ma mère, remariée, m'a prise avec elle. J'ai dû composer avec un demi-frère et un beau-père, deux inconnus pour moi. Ce ne fut pas facile. Je me suis enfoncée dans les études et la lecture, ne communiquant que peu avec ma famille, que je rejetais, surtout ma mère. Je lui en voulais profondément de m'avoir abandonnée. J'ai dû me reconstruire après une adolescence très perturbée. Ensuite, je suis devenue quelqu'un d'extrêmement combatif, ne lâchant jamais, engagée dans une voie professionnelle où je suis très autonome, et très seule. Je suis plutôt fière de mon histoire, je sais que j'ai pu acquérir dans les difficultés une force que d'autres, plus tranquilles, plus confortables dans leurs choix de vie, n'ont pas développée. »

Certains parcours sont ainsi semés d'obstacles qu'il est nécessaire de vaincre pour avancer vers la réalisation d'un potentiel, d'un objectif. Il faut puiser au cœur de soi, se mettre presque en position de survie, afin de glaner les éléments actifs. Pour certains fragiles, l'existence a un prix particulier, car il s'agit d'y gagner une place qui n'est pas évidente, qui ne se laisse pas décrocher si facilement.

> Dans une interview[1], l'acteur Lambert Wilson explique comment il a surmonté sa fragilité, son manque de confiance en lui.
>
> « J'ai été très longtemps mauvais, parce que tendu, pas à l'aise, gêné par la caméra, les gens qui regardent, les jugements.
>
> Il a mis de longues années à se détendre, dit-il, car il était toujours déstabilisé par la peur d'être jugé.

1. Interview réalisée par Rebecca Manzoni sur France Inter dans l'émission *Eclectik*, le 2 juin 2013.

Il a dû surmonter son manque de confiance, accentué par le jugement très négatif de ses parents, précisément dans le domaine où ces derniers excellaient.

« Mon père et ma mère m'ont jugé très mauvais pendant les vingt premières années, et j'ai été énormément retardé dans la constitution de ma confiance en moi en raison de cela.

Lambert Wilson raconte comment il a appris à se sentir inférieur face à ceux qu'il admire tant et à se taire, par peur de déplaire.
Il n'a pu se défaire de son mal-être que lorsqu'il a désappris le désir de plaire à tout prix. Autrement dit, quand il a su être lui-même, sans craindre les jugements, sans se sentir inférieur.

« Tel ou tel réalisateur m'a secoué, tellement que j'ai fini par devenir meilleur acteur.

La confrontation à la peur de sa propre fragilité est une épreuve. Pour que le manque de confiance soit transmué en valeur créatrice, il faut de la ténacité, de la pugnacité.

Le fragile, exposé aux regards, se sent mal à l'aise et cherche à se replier sur lui pour se dérober à l'autorité et aux jugements extérieurs. Tout son parcours l'oblige précisément à travailler sa peur.

Le mouvement vers les profondeurs de l'être : accéder à sa souffrance

Ne fuyez pas vos peines, vos chagrins, vos difficultés. Ils sont le signe de votre sensibilité, ils vous enrichissent. Grâce à eux, vous bâtissez votre différence.

La fragilité est difficile à vivre : elle engendre du mal de vivre. Or, à l'intérieur même de cette souffrance réside une grande richesse. Y pénétrer plutôt que la fuir, c'est se donner le moyen de chercher la pulsion de vie dans ce qu'elle a de fondamental.

Beaucoup pensent qu'il faut avoir recours aux médicaments pour soigner le moindre mal d'amour, pour éviter les émotions perturbatrices. Mais l'émotion *est* la vie, et c'est se couper de soi-même que de stopper artificiellement les manifestations douloureuses de son âme, sources de richesse, d'où émane un peu de sa vérité.

Vivre sa différence

Ne cherchez pas de modèle, cherchez vous-même.

> Alexandre Jollien, écrivain et philosophe, raconte ses années de pensionnat, depuis l'âge de trois ans jusqu'à ses vingt ans, passées au « Centre », comme il l'appelle, un éta-

blissement pour handicapés moteurs cérébraux en Suisse. Alexandre est né le cordon ombilical enroulé autour du cou. Il a survécu avec quelques séquelles, qui ont été la cause de cet internement dans un institut spécialisé, en semaine, loin de sa famille.
Son expérience montre la difficulté à vivre sa différence, son "imperfection" dans un univers normatif, où le modèle est unique : il faut concentrer tous ses efforts pour « être normal », mais c'est impossible, justement. Et cette incapacité rend ce déploiement d'énergie vain et douloureux, elle amène la frustration à son comble, augmentant ainsi le sentiment d'échec et d'anormalité.

> "On me conseillait de prendre des modèles, de suivre des schémas, jamais de descendre au plus profond de moi pour y trouver une source, fût-ce au niveau le plus redoutable : dans mon angoisse.[1]

Son constat est clair et sans détour : les êtres humains qui se sont occupés de lui et de ses camarades sont restés dans un professionnalisme distant. Peu ont su faire parler leur cœur, leurs « tripes », face à ces enfants dont il faisait partie, tous en grande détresse, en solitude extrême. Il soulève aussi le désir de ces adultes de leur faire rattraper leur retard pour qu'ils deviennent les plus adaptés possible au monde des « normaux ». Peine perdue : la différence sera toujours là.
Aujourd'hui, Alexandre Jollien peut dire qu'il a trouvé la source de sa force actuelle précisément dans les profondeurs de sa détresse. Ceux qui l'ont le plus aidé à y parvenir ont été les adultes les plus authentiques, capables d'une présence vraie, sans condescendance, sans pitié. Ils l'ont simplement motivé à se battre en respectant ses souffrances.
Dans son *Éloge de la faiblesse*, Alexandre évoque Jérôme, un camarade paralysé au fond de son lit, qui, par sa seule présence, son seul regard, son « çaa bva ? » – uniques

1. *Éloge de la faiblesse*, Alexandre Jollien, éditions Marabout, mars 2012, page 40.

mots qu'il peut prononcer –, encourage Alexandre dans ses efforts surhumains pour s'exercer aux gestes les plus simples, la marche, par exemple.

« Il m'a obligé à pénétrer dans mon histoire, dans mes faiblesses, dans mon humanité. Quand il me demandait comment j'allais, Jérôme voulait simplement signifier qu'il était content que j'existe, qu'il était content d'exister, malgré le caractère abîmé de nos existences.[1]

Plonger dans le gouffre pour rebondir

Pénétrez jusqu'au fond du gouffre, du vide, pour ensuite revenir et renaître à vous.

Vivre un épisode douloureux ressemble à une plongée dans un gouffre. Une rupture à laquelle on ne s'attend pas peut constituer l'épreuve d'une vie ; l'annonce d'une mort, d'une maladie grave, d'un départ, d'un licenciement désorganise totalement notre existence, notre être aussi parfois. Tout choc brutal est une atteinte profonde à notre psychisme. Il nous fait traverser nos zones les plus fragiles, les plus insoupçonnables, celles que nous croyions depuis longtemps dépassées ou que nous n'avions jamais explorées.

C'est une descente en soi de la douleur qui, par strates successives, touche toutes les fibres de notre être une à une. C'est une brisure, une cassure.

Traverser une épreuve, c'est se sentir seul ou presque face à la difficulté. On ne se situe plus dans l'expérience commune, on vit quelque chose d'inhabituel, de différent, qui déclasse et donne le sentiment d'être à part. Comment accepter de descendre aussi bas, comment vivre l'injustice de l'épreuve alors que d'autres n'ont pas cette malchance et ne connaissent pas tant de difficultés ?

1. *Ibid.*, page 40.

Le choc nous fait descendre de notre nuage. C'est une douche froide ; la lumière s'éteint tout à coup.

> « L'inimaginable... peut nous frapper en tout temps. Nous nous croyons à l'abri des épreuves et nous vivons sur notre nuage doré, comme des êtres inatteignables.[1]

Ainsi le choc agit-il comme un révélateur. Il permet de passer en revue sa « vie d'avant » et de s'apercevoir que tout n'était peut-être pas si merveilleux, qu'on se masquait à soi-même beaucoup de choses. Et refaire ce chemin amène prises de conscience et évolutions, pour s'ouvrir à une nouvelle voie : celle d'« après ». Il amène à régresser, et à nous plonger dans le bain de notre passé, celui d'avant la catastrophe, que nous revisitons, inlassablement, longtemps parfois, avant d'être apaisé, avant de pouvoir redémarrer.

Et nous sondons les moindres recoins du nouvel habitacle, celui où le manque est inscrit.

Nous n'en finissons plus de ressasser, de remuer les souvenirs, de nous les approprier à nouveau, revisités à l'aune de l'événement, avec cette connaissance-là.

C'est un travail psychique fondamental, indispensable.

Une énergie fondatrice, présente dans le terreau de l'être, est à trouver dans ce voyage initiatique qu'est la douleur de la perte.

Le choc de la perte nous apporte le contact avec la mortalité, la fin de l'illusion. Accepter de se heurter à la dureté du réel rend la transformation de soi possible.

> « Cette chute nous a projetés dans l'initiation.[2]

1. *Le Point de rupture*, Marie-Lise Labonté, éditions Albin Michel, 2009, page 22.
2. *Ibid.*, page 193.

★ Mathias : « Ma compagne est décédée dans un accident de voiture. Le jour où cela s'est passé est gravé dans ma mémoire de façon indélébile : la façon dont je l'ai appris, où j'étais à ce moment-là, ce qu'on m'a dit, la manière dont j'ai absorbé la nouvelle – incrédule –, ma quête d'explications, des causes, d'un sens... Mais après, ce que j'ai vécu pendant plusieurs mois fut l'enfer. Notre appartement, dans lequel nous venions d'emménager, nos projets de voyage, de mariage, d'enfant, nos complicités, nos joies, nos disputes, tout me revenait, inlassablement. J'ai gardé pendant plusieurs mois les objets rangés tels qu'ils étaient le matin de sa disparition, j'ai gardé tous ses vêtements, tous les tiroirs pleins. Je ne voulais renoncer à rien, j'étais figé. Maintenant, je me rends compte que ce temps a été nécessaire pour me sentir prêt à reprendre mon chemin de vie. J'ai pu ensuite trier ses affaires, changer d'appartement, avoir une nouvelle relation. J'ai pu refermer la porte de notre histoire, une belle histoire, et me dire que je pouvais en vivre d'autres grâce à celle-là. Les souvenirs, sans cesse retournés, rabâchés, ont fini par être désincarnés, par perdre un peu de leur saveur. Ce passé a pris sa place dans le passé. Il est devenu sépia, couleur des photos d'antan. Cela m'a permis de laisser place à de nouveaux vécus, bien vivants, ceux-là. »

Le deuil

Une fois accompli, le travail psychique du deuil permet de reprendre son chemin, de renouer avec des sensations perdues, de retrouver goût à l'existence. Pour cela, il faut passer par l'étape fondamentale et douloureuse de la désillusion, du renoncement. Or, nous résistons terriblement au renoncement, c'est pourquoi le travail du deuil peut être long. Pour l'accomplir, nous devons renoncer à l'illusion selon laquelle nous pourrions garder en nous ce que nous avons perdu. Nous devons accepter de quitter, de lâcher l'emprise, c'est-à-dire arrêter de nous agripper coûte que coûte, avec une puissance désespérée, à ce qui existait avant la perte.

Nous allons accomplir une multitude de deuils au long de notre vie : deuil de notre jeunesse, de la fraîcheur de nos amours, deuil de l'enfance de nos enfants, deuil de nos parents, deuil de nos rêves.

> Le deuil est conscience de la perte irrémédiable. Le tragique provient du fait que ces pertes répétées sont insupportables et que nous les repoussons autant que nous pouvons, alors qu'elles sont inéluctables. De là, sans doute, vient toute l'énergie de la vie humaine.

Renaître après un choc

Après un choc, une maladie, un deuil, il est question de revivre.

Le sens du mot « revivre » est double.

« Revivre » signifie tout d'abord « vivre plusieurs fois la même chose » : la peine et le chagrin, la douleur et la peur, de façon lancinante, obsédante. La vie réelle se fixe, ralentit, se désosse le temps d'absorber la défaite, la désillusion, le ratage, la perte.

C'est également « vivre à nouveau », « renaître », car la vie est là, elle vibre et appelle. Le temps de la reconstruction après le deuil de la perte est venu. C'est dans ce revivre que se trouve la force de remonter après la plongée dans l'impossible.

Revivre n'est pas revenir en arrière. C'est aller de l'avant avec de nouvelles forces. C'est recréer, au-delà de l'épreuve vécue, c'est résonner autrement avec la vie, après. De nouvelles sensations, de nouveaux ressentis sont possibles dans ce revivre. Il est transformation, force créatrice.

> « Quand le soleil frappe à nouveau le visage qui en avait perdu la sensation et le bienfait, est-ce seulement par un oubli des souffrances qu'il le ranime et lui redonne du plaisir ? N'est-ce pas aussi par un renouvellement, une création, par quelque chose de positif et d'absolu ?[1]

1. *Revivre, Éprouver nos blessures et nos ressources,* Frédéric Worms, éditions Flammarion, 2012, page 59.

La reconquête de soi n'est pas entreprise aisée. Elle passe par l'exploration de souvenirs, de douleurs en lien avec des strates inférieures qui peuvent se réveiller et faire souffrir à nouveau.

C'est seulement après avoir surmonté l'épreuve que peut se réaliser la réhabilitation de soi. La douleur de la perte brise l'élan de vie : une reconstruction ne peut avoir lieu que si les fondements de la meurtrissure sont visités, traduits en mots et soutenus dans une relation aidante.

La blessure est cassure du lien, elle entraîne douleur du deuil, sentiment d'abandon, d'isolement. Aussi la réhabilitation se réalise-t-elle également à travers le relationnel : amis, thérapeutes, famille.

Pour certains, oublier, occulter le malheur, aurait la vertu de nous permettre de continuer à vivre : au lieu de réaliser le travail psychique de remémoration, de réappropriation de son histoire, mieux vaudrait tenter de ne plus se souvenir. Or l'oubli n'existe pas : toutes nos fibres se souviennent. Et si l'on veut penser sa vie, la créer, alors on ne peut pas occulter sa mémoire. Il faut au contraire l'habiter pleinement.

Le choc nous oblige à nous interroger sur nos capacités à mener notre vie, sur notre façon d'envisager l'avenir, nos blocages et nos réussites. Il contraint à remettre l'ancienne vie en question : que s'est-il passé pour en arriver là ? Qu'est-ce que je n'ai pas vu ou voulu voir ? Qu'est-ce qui m'arrive ? Pourquoi cet événement ressemble-t-il tellement à d'autres situations similaires de mon passé ?

★ Maud : « Le choc du départ brutal de mon compagnon et l'extrême désespoir dans lequel cela m'a plongée m'ont fait comprendre que je m'étais trompée de chemin. Je n'étais pas moi-même dans cette vie-là, je me berçais d'illusions. Après son départ, je me suis retrouvée totalement dépouillée de moi, de mon être, de ma capacité à réagir. Je n'étais plus qu'un jouet, un pantin. Pourquoi avais-je perdu toutes mes forces en le perdant ? J'avais tout à coup le sentiment de ne plus savoir qui j'étais. Bizarrement, je me suis dit que ce drame était inéluctable, prévisible, comme inscrit à l'avance. Notre couple ne pouvait tenir longtemps, sa fragilité était criante. En réexaminant cette relation, je me dis aujourd'hui qu'elle a fini comme cela le devait. En même temps, je revisite mon histoire et j'y trouve des résonances. Ce chemin vers les souvenirs de ma vie me fait un grand bien. Je vois que je cherchais la sécurité à l'extérieur, en raison de la déficience de mon propre sentiment de sécurité, malmené à ma naissance et dans des événements récents de ma vie. Je suis passée par des étapes où, après la sauvagerie de la douleur, parviennent à émerger du fond de moi une assurance, une confiance depuis longtemps oubliées. »

“ La perte amoureuse nous conduit à penser.[1]

Renaître à sa propre vie, c'est se réinventer. Le chemin est autre. On est soi-même différent de celui ou celle d'avant. Donc on va vivre différemment. Le passage par la fragilité nous a apporté le moyen de nous ressourcer. Nous sommes maintenant munis de meilleurs points de repère, d'une plus grande indépendance, d'une énergie nouvelle. Les changements vont commencer et continuer, venus d'une vague principale qui en crée d'autres autour d'elle.

Vivre sa sensibilité

Soyez fier de votre sensibilité et de votre richesse intérieure. Faites-en quelque chose d'essentiel : une source de vitalité et de créativité.

La fragilité est une richesse

Lorsque l'on dispose d'une richesse intérieure, on se doit de la cultiver. Elle nous rend différents.

1. *Du bonheur d'être fragile,* Jean-Claude Liaudet, éditions Albin Michel, 2007, page 53.

Essayons de ne pas manquer notre sensibilité, ne la gâchons pas en considérant nos affects comme inappropriés. Ne dévalorisons pas nos mouvements de vie psychique, si essentiels pour notre vécu d'humain et pour notre liberté.

La sensibilité, loin de nous affaiblir, nous anoblit. Elle est le langage de notre humanité profonde, inquiète et soucieuse de sens, de valeurs.

La vulnérabilité porte en germe l'expression des changements à venir. Elle est questionnement : « Qu'est-ce que je veux faire de ma vie, maintenant ? »

Assumer sa fragilité, c'est s'accorder le droit de vivre sa différence. Lorsqu'un chemin est parcouru vers soi-même, il arrive que des moments de solitude, jalons de repos et de ressourcement, soient nécessaires.

★ Fanny : « J'ai longtemps fui la solitude, cela m'angoissait beaucoup. Je voulais être comme tout le monde : choisir une vie conventionnelle, conforme aux codes sociaux. Je sortais, j'étais beaucoup en représentation. J'étais hyperactive. Et puis, quelques remises en question après des changements dans ma vie m'ont beaucoup secouée. J'ai eu besoin de me retrouver, d'être entourée de peu de personnes.
J'ai fui la solitude, et maintenant, je ne veux plus la fuir. Je veux l'habiter, la peupler. M'y creuser un sillon. Comme si, auparavant, c'était mal d'être seule, pas « normal ». J'ai voulu être normale ; maintenant, je veux être moi. »

Après l'épreuve vient le silence, qui a pour vertu le regroupement à l'intérieur de soi, le recentrage, l'écoute de son être et de ses états psychiques.

La méditation aide à faire ce silence, à récupérer sa force de vie diluée dans l'accumulation d'épreuves. Cela peut être aussi l'occasion d'une recherche spirituelle.

Même l'angoisse est source de créativité

Notre angoisse elle-même est source de créativité. L'art en est la preuve. Combien d'artistes angoissés ont-ils puisé dans cet aiguillon pour créer leurs œuvres, en transcendant ce qui les habitait alors ?

> « L'angoisse fait partie de notre vie. Elle nous ouvre au réel, à l'avenir, à l'indistincte possibilité de tout.[1]

De l'angoisse de vivre naît le désir fondamental d'un autre niveau d'énergie, de conscience. De ces parties sombres et indicibles peut émerger le souffle d'une vie nouvelle. La douleur psychique, quand elle est présente, est à comprendre et à intégrer, pour que puisse émaner la part vitale qui transcendera ce mal à vivre.

L'angoisse est le signal par excellence à écouter. Le signal d'angoisse est un phare qui dit : « Quelque chose de fondamental, de vital est touché. » Il faut aller en mer pour explorer, à la lumière de ce phare, ce qui est autour.

Si on fuit l'angoisse par des subterfuges destinés à l'émousser en apparence, elle se transformera un jour en maladie : l'angoisse est une réponse au stress, et ne pas l'entendre équivaut à conserver un niveau de stress important qui, comme on le sait, a des effets destructeurs.

> « Le bien-être n'est pas la guérison, parce que guérir, c'est être capable de souffrir, de tolérer la souffrance.[2]

Si l'angoisse est incomprise ou ignorée, elle risque de prendre ses aises et d'envahir tout le fonctionnement psychique.

1. *Impromptus*, André Comte-Sponville, éditions PUF, collection Perspectives cliniques, 1996, page 10.

2 *La Fatigue d'être soi,* Alain Ehrenberg, éditions Odile Jacob, 2000, page 256.

Il est bien sûr parfois nécessaire de la soulager, quand elle devient insupportable. Chacun est seul juge de sa capacité à la tolérer ou non, chacun décide de son seuil de tolérance.

L'angoisse est à interroger, pour en faire une alliée, une source de connaissance : que nous dit-elle ? que nous apprend-elle ? Qu'est-ce qui se passe en ce moment dans notre vie pour qu'elle soit ainsi présente, palpable ?

Guérir, c'est avancer avec les modifications entraînées par la « maladie », le « mal à vivre », et avec les nouvelles connaissances qui ont émergé de ce corps à corps avec l'angoisse.

> «Il n'y a pas de guérison sans un travail, sans une élaboration, sans un récit, une fiction précisément dans laquelle la personne est impliquée, parce qu'il y a un Je.[1]

Passer par la souffrance est inévitable en cas de séparation, d'exclusion, de remise en question, de changement de vie. L'éviter, c'est se priver de son énergie fondamentale.

Aller au fond de soi ?

Aller au fond de soi permet de trouver la force de remonter.

Se mettre à l'écoute de son ressenti, c'est se concentrer à l'endroit du corps où l'émotion s'exprime.

Je m'arrête un instant pour me demander : « Qu'est-ce qui se passe dans mon corps ? Qu'est-ce que je ressens ? À quel endroit y a-t-il resserrement, tension, boule, nœud ? »

Se mettre à l'écoute de son ressenti, c'est vivre pleinement les moments de tristesse, d'inquiétude, d'anxiété, de lassitude ou d'angoisse.

1. *Ibid.*, page 256.

Je les accueille, je les note, je les interroge. Je fais silence pour réfléchir à ces ressentis. Je ne les considère pas comme des ennemis mais comme des indicateurs : qu'ont-ils à me dire ?

Pour me sentir relié(e), je lis même des passages de mes auteurs préférés, ceux qui savent si bien parler de ces descentes en soi, dont les mots sont au diapason de mon angoisse profonde.

Se mettre à l'écoute de son ressenti, c'est aussi remonter le temps et se demander : « À quoi est dû ce moment de tristesse ou d'angoisse, qu'est ce qui l'a déclenché ? Y a-t-il eu d'autres angoisses précédemment ? Quelles en étaient les causes ? et au-delà : que se passe-t-il dans ma vie actuellement ? Qu'est-ce qui m'empêche de jouir de la vie en ce moment ? »

★ Nora : « Quand j'ai la boule au ventre, j'ai appris à le reconnaître, c'est le signe de mon mal-être. Pendant longtemps, je ne voulais pas l'écouter, je prenais des antidouleurs ou je sortais avec des amis, et cela passait. Mais ça revenait de plus en plus souvent, et je me suis demandé ce qui n'allait pas. Alors j'ai décidé de ne plus fuir et, au contraire, de me poser, de ressentir et d'explorer ma vie. Je me suis rendu compte que je m'étais habituée à bien d'autres petits signes d'anxiété ou de malaise et que j'étais à un niveau de stress très important dans l'ensemble de ma vie. J'ai réfléchi à chaque signal d'angoisse, sans fuir, sans me le cacher. J'ai réussi à comprendre ce qui n'allait pas dans ma vie et, surtout, à envisager un changement. Au travail, par exemple, je me surchargeais pour pallier le manque d'organisation et je devais faire face à l'incapacité de mes supérieurs, ce qui me mettait hors de moi. Je ne m'apercevais pas que j'étais en train de me miner à cause de ça, car j'avais perdu tout intérêt, toute motivation par rapport à mon enthousiasme du début. J'ai traversé une période noire de prise de conscience et de remise en question. Le calme est finalement venu, et j'ai réussi à accepter puis dépasser ma déception et à ne plus vouloir à tout prix que ça marche au détriment de ma santé. Je suis en pleine reconstruction, je commence même à envisager de changer de carrière. Je m'aperçois que j'ai envie d'autre chose, ce qui me ravit. »

L'angoisse est à interroger, pour qu'elle ne se transforme pas en maladie à vie.

Le mouvement vers les forces : mobiliser son potentiel

En prenant conscience de vos forces, devenez acteur de votre vie. Apprenez à connaître et à faire confiance à vos sources de vie : votre désir, vos émotions, votre mental. Unissez-les.

Faire du mental un allié

Utilisez votre mental pour comprendre et lâcher votre emprise sur vous-même.

Le mental, c'est l'exercice de l'intelligence, la faculté de réfléchir, le temps pris à observer avant d'émettre un avis.

Grâce au mental, on peut développer l'intuition, la sensibilité, l'observation, le savoir. La sensibilité deviendra une force si le mental la laisse s'exprimer, si l'auto-jugement ne l'enferme pas.

Bien sûr, l'intellectualisation à outrance rigidifie et empêche la libre circulation du mouvement émotionnel. Aussi, à condition que son mental soit rassuré, associé, l'individu sensible acceptera de lâcher cette part de contrôle qu'il a pris l'habitude de mettre en œuvre. La valorisation du mental permettra alors le lâcher-prise. On ne peut pas lâcher prise si on n'est pas en confiance, si on n'a pas assuré ses arrières. Cela se prépare et se travaille. C'est ainsi que l'on pourra accepter l'émergence du fond de soi et le laisser exister au grand jour. Pour cela, il faut avoir diminué son angoisse du vide. Sinon, une montée d'angoisse arrivera dès que l'on desserrera l'étau des contraintes, des habitudes.

Construire ses propres modes de pensée en se fiant à ses expériences personnelles et à son savoir, cultiver son intelligence, la rendre plus ouverte : cela est possible.

Reconnaître ses forces

Reconnaissez votre force, contactez vos capacités d'auto-guérison. Reconnaissez vos qualités, cultivez-les, apprenez à leur faire confiance, à les valoriser.

Vous avez testé votre résistance au choc, votre capacité à absorber l'énergie jusqu'au point de rupture. Vous avez donc pu vous rendre compte de votre force, de votre capacité à résister, à combattre, à ne pas vous laisser user par la blessure.

Cette force en vous, vous la savez présente. Quand, parfois, votre confiance vacille, pensez à elle. Elle est là, elle saura se mettre en œuvre le moment voulu, elle est votre aptitude à rebondir, à vous réparer, à remonter la pente, à résister aux assauts du découragement et de la baisse de confiance en la vie.

Vous pouvez compter sur votre capacité d'autoguérison à condition de la mobiliser, de lui donner sa chance. Elle vous fera passer du négatif-défensif au vital-constructif.

Les solutions ne sont pas à l'extérieur, elles sont à l'intérieur de nous.

Nous avons le potentiel pour extraire de nous-mêmes ce dont nous avons besoin afin de panser nos plaies et d'augmenter nos capacités de vie. Afin d'aller vers qui nous sommes !

Nous pouvons apprendre à utiliser notre corps et notre psychisme pour nous régénérer, pour transformer notre mal-être en force et ne pas nous laisser glisser vers la maladie.

“ Abandonner le statut de victime pour embrasser le statut d'acteur de sa guérison donne un sens à l'épreuve de la souffrance.[1]

Quelles que soient notre histoire de départ et la nature des blessures que l'enfant en nous porte encore, nous disposons d'une énergie vitale. Elle est parfois à restaurer, parfois à mobiliser dans un sens positif.

Une fois les faiblesses, les limites et les freins reconnus, il est indispensable de prendre connaissance des qualités sur lesquelles vous pouvez compter.

Dans tout excès ou défaut se trouve une qualité qui en est le pendant.

- Si vous êtes très sensible, vous avez une intuition à développer. L'intensité de vos émotions, qui vous pénalise parfois, vous apporte une vie pleine et dense. Votre introversion un peu poussée a son corollaire : une finesse dans les perceptions, un sérieux et un calme appréciés. Votre histoire difficile vous a donné une sensibilité particulière, un sens du combat et de la résilience. Votre perfectionnisme, qui ne vous rend pas toujours heureux, est peut-être à utiliser dans une passion ; il vous y sera bénéfique, vous permettra de la vivre à fond.
- Vous absorbez les choses plus rapidement ? ou plus lentement ? Dans un cas comme dans l'autre, vous développez les qualités qui les accompagnent. Respectez les rythmes qui sont les vôtres et adaptez vos activités en fonction d'eux.

Il en est ainsi de chaque chose : au lieu de le réprimer et de l'inhiber, à vous de reconnaître et de mettre en valeur ce qui fait que vous êtes vous.

1. *La Solution intérieure*, Thierry Janssen, éditions Fayard, 2008, page 119.

Se connecter à son désir

Reprenez contact avec votre désir, énergie fondamentale de vie.

Le désir est une énergie. Il est notre force de vie. Il faut se reconnecter à lui, sinon on passe à côté de soi. Chercher les connexions avec ses désirs permet de trouver son accomplissement.

Le fragile, à qui rien n'est facile, connaît bien l'insatisfaction. La fragilité étant une porte vers ses émotions, ses affects, ses doutes, elle conduit à se constituer une individualité propre, hors de tout clonage et de toute identification, poussé par la nécessité de se construire, de se défendre, de prendre soin de soi, d'explorer son identité. C'est ainsi qu'elle mène à s'interroger sur le désir qui anime, à chercher cette force motrice en soi.

Se connecter à son désir n'est pas se soumettre à sa loi, car le désir n'en connaît qu'une : se satisfaire. Et, si tel n'est pas le cas, il ne connaît qu'une réaction : la frustration insupportable et angoissante.

Se connecter à son désir, c'est devenir un être libre qui dit : « Je ». Le sujet libre s'approprie son désir pour avancer avec lui dans ses choix, ses actions, ses renoncements, en une recherche qui le transcende.

En effet, être sujet, oser le « Je », c'est affirmer une liberté, une individualité, une responsabilité devant la vie. Cela se construit pas à pas, parfois au prix de quelques difficultés : la solitude face à certains choix, par exemple. Les options d'une histoire exigeante n'ont pas pour priorité absolue la satisfaction des désirs, mais une recherche d'autonomie alliant esprit critique et individuation. Il ne s'agit pas d'une consommation basée principalement sur le principe de plaisir (ce n'est pas exclu, mais nous parlons ici d'un désir qui transcende cela).

D'un ensemble de désirs multiples et désordonnés, l'individu libre passe à un désir qui vise à surmonter les difficultés, qui pousse la force de vie vers son épanouissement créatif.

★ Richard : « Mon désir était de m'investir dans une activité d'aide aux autres. J'avais ce rêve en moi depuis l'adolescence, pourtant j'ai suivi des études plus prestigieuses et conformes à l'idéal professionnel dans lequel j'ai été éduqué. J'ai eu la profession qui correspondait à ce cursus, mais mon insatisfaction était latente. J'ai passé des années ainsi, puis petit à petit, un désir d'abord informulé s'est dessiné plus précisément. J'ai fait des stages, des formations, j'ai suivi des séminaires, j'ai appris longuement mon nouveau métier, ce qui m'a passionné et enrichi comme jamais. Ensuite, quitter la route bien goudronnée de mon parcours sans faute pour aller dans une voie plus précaire n'a pas été simple. Je ne le regrette pas. Je m'épanouis bien plus. L'argent et la maîtrise ne sont plus les moteurs de ma vie, je ne me mets plus la pression, je vis en conformité avec moi-même. »

Car comment accepter l'inéluctable de notre fin et la brièveté de notre percée dans la vie – qui était là avant et va continuer après nous – sans laisser l'angoisse nous engloutir, si ce n'est en se connectant à l'essence même de l'existence : le désir, la pulsion de vie ?

Le manque est un moteur : étant incomplétude, il ouvre au désir. Si je suis comblé, je n'ai plus de désir. C'est donc mon insatisfaction qui me propulse vers l'action, vers les autres. Il m'oblige à affronter ma fragilité, ma vulnérabilité et me fait quitter ma position de toute-puissance, de maîtrise. Je m'autonomise.

Acquérir de nouvelles connaissances, partager, se ressourcer dans la nature, sont des désirs vecteurs de joie qui écartent la souffrance.

Le désir est la vie. On agit pour lui, on se construit dans son moule, on élabore des projets avec lui…

Le désir se pense, s'élabore en tenant compte du désir des autres, en interaction.

Utiliser son savoir émotionnel

Retrouvez vos émotions : elles constituent « l'intelligence du cœur »[1] *et participent à l'harmonie de vie.*

Les émotions constituent les mouvements psychiques, et nous renseignent sur notre état intérieur, sur la qualité de ce que nous vivons.

Elles nous permettent d'entrer en résonance avec l'extérieur. Nous communiquons et nous nous adaptons grâce aux émotions. Elles entraînent l'empathie, la compréhension mutuelle.

Elles sont communes à tout être humain. Il est possible d'apprendre à les reconnaître, à les nommer, à les aimer.

Le moi corporel, émotionnel, s'élargit bien au-delà du savoir intellectuel. La connaissance intellectuelle n'utilise qu'une partie de notre psychisme, elle ne confère pas une appréhension globale.

Nous devons apprendre à vivre avec nos émotions, à les comprendre, à les écouter car avec elles se déploient nos capacités à comprendre le monde et les autres.

Notre vie émotionnelle s'incarne dans le corps, passe à travers lui.

Le corps investi émotionnellement par le courant de vie porte notre identité. Notre moi habite notre corps.

Le désir et les émotions s'expriment par lui et s'inscrivent en lui. Notre corps et notre mental sont indissociablement liés. Ils sont à comprendre ensemble. En intégrant les deux, nous augmentons nos capacités et la compréhension de nos fonctionnements.

Cela crée une unité. Et au-delà : une unicité.

1. Isabelle Filliozat.

Faire de sa mémoire incarnée une source de compréhension et d'harmonie corps-psychisme, tel est l'enjeu d'un dépassement de sa fragilité, de sa conscience d'exister.

Notre corps, très sollicité notamment en tant que réceptacle du stress, parle beaucoup de ses souffrances à travers de multiples symptômes. Essayons de ne pas jouer contre lui, ne le nions pas, ne le négligeons pas. Ne le contraignons pas dans des activités répétitives et usantes visant la seule performance, telles les addictions au sport. Au contraire, prenons soin de lui.

Le corps contient ses forces et ses faiblesses : il est rapide ou fatigable, musclé ou chétif, raide ou souple, pas toujours droit, jeune ou vieilli… Cependant, c'est notre meilleur atout, celui sur lequel on peut compter.

Les blocages émotionnels entraînent des tensions corporelles qui peuvent avoir des effets importants :

- physiques : baisse d'énergie, défenses immunitaires affaiblies ;
- psychologiques : pensées négatives paralysantes, diminution des désirs, dépression.

L'énergie corporelle se bloque si les émotions ne s'expriment pas psychiquement.

L'énergie bloquée circulera à nouveau si vous permettez aux émotions de déboucher vers leur expression, leur « sortie psychique », pour librement circuler dans le corps. Le corps se libèrera des tensions, ses nœuds énergétiques s'assoupliront.

Le corps sera un allié pour trouver les forces d'autoguérison qu'il abrite.

Le psychocorporel

Dans tous les exemples de fonctionnement psychique évoqués, le corps est concerné en premier lieu. Il réagit en symbiose avec l'univers psychique. Le symptôme, en tant que satisfaction partielle

ou déviée de la pulsion, traverse le corps et transparaît à travers lui. Le corps vient au secours du psychisme : il lui permet de s'exprimer. Leur union est totale, la séparation n'existe pas. Où serait-elle située, d'ailleurs ? dans quelle partie de l'être ?
Quand nous pensons, quand nous vivons des émotions, nous provoquons des effets (des influx nerveux) sur nos échanges cellulaires, sur nos pulsations cardiaques, sur notre rythme respiratoire, sur nos synapses, sur nos neurotransmetteurs, sur nos producteurs hormonaux, sur notre flore intestinale, etc. Les sciences nous apprennent l'identité totale corps-esprit. Pourtant, dans nos systèmes de pensée, dans nos méthodes d'éducation, dans nos programmes médicaux, nous continuons la plupart du temps à faire comme si les univers corporel et mental étaient deux mondes différents et séparés.

Toute introspection, toute plongée en soi passe aussi par le corps : méditation, respiration, techniques énergétiques sont les bienvenues et aident à trouver l'harmonie corps-esprit.

Le mouvement vers la construction : être sujet de sa vie

Devenez le sujet de votre histoire. Élaborez votre vie, partez en quête de sens, cherchez des chemins, ne craignez pas de vous égarer, de vous tromper, vous en glanerez toujours quelque chose pour vous. Profitez des « creux de vague » pour penser votre vie.

Ballotté dans vos appuis, confronté à l'incertitude du futur, vous vous êtes interrogé sur ce que votre histoire a fait de vous. Maintenant, il vous reste à agir pour devenir le sujet de cette histoire, lui donner votre inflexion personnelle.

Devenir sujet de sa vie, c'est trouver la satisfaction de l'action, suivre son désir, avancer dans la réalisation de certains projets, ne pas avoir peur du changement, goûter l'instant présent.

C'est se diriger, en être unique et auteur de chaque moment.

Cultiver sa pensée

Pensez votre vie, conduisez, pilotez, ne vous faites pas conduire.

Être au contact de sa part sensible amène aux questionnements existentiels.

Celui qui pense sa vie est un être complet. Cultiver son esprit critique, comme le préconisaient, entre autres, les philosophes des Lumières, devrait être une priorité dans un monde de circulation intense d'informations en tous genres. Pour cela, il faudrait prendre le temps de réfléchir, ne pas négliger d'approfondir certains sujets qui nous passionnent, ne pas se contenter de survoler ces données, se méfier des préjugés, des automatismes de pensée. Cultiver la pensée, comme on arrose une plante, permet de ne pas la laisser s'assécher. Documentaires, lectures de penseurs, philosophes, écrivains, professeurs, échanges entre amis, etc., bâtissent notre pensée et participent au sens que nous donnons à notre vie.

Il convient de douter, de ne pas se rabattre sur des idées reçues de l'extérieur, aussi séduisantes soient-elles ; d'aller chercher, comme le dit François Rabelais, la « substantifique moelle » des choses derrière la frivolité apparente. À l'instar du chien rongeant son os, le sage va chercher patiemment à atteindre la substance la meilleure :

> “Si vous l'avez vu, vous avez pu noter avec quelle dévotion il guette son os, avec quel soin il le garde, avec quelle ferveur il le tient, avec quelle prudence il l'entame, avec quelle passion il le brise, avec quel zèle il le suce. Qui le pousse à faire cela ? Quel est l'espoir de sa recherche ? quel bien en attend-il ? Rien de plus qu'un peu de moelle.[1]

Exhortant ainsi ses contemporains à « humer, sentir, estimer les beaux livres » pour dénicher leur saveur et leur profondeur grâce à une « lecture attentive » et une « méditation assidue ». « Humer » et « estimer » chaque beauté du monde, chaque connaissance et intérêt nouveaux, toucher à la plénitude par une réflexion intégrant chaque apport, profitant de tout instant pour s'enrichir. Et apprendre, toujours : être curieux du monde est le meilleur antidote à la déprime !

1. *Gargantua*, François Rabelais, éditions Pocket, collection Classiques, 1998, page 39.

Penser sa vie, c'est réfléchir à son parcours : qu'est-ce que je veux faire de ma vie ? Celle-ci n'est pas prédéterminée, elle n'est pas non plus le fait du hasard pur. Nous avons des enseignements à tirer de chaque événement important. Chaque tournant, chaque décision à prendre, chaque épreuve nous appelle à réfléchir à qui nous sommes.

Élaborer le sens de sa vie

Quel sens donnez-vous à votre vie ? Estimez-vous que l'essence de la vie précède et donne le sens de celle-ci ou que vos actions déterminent et influent sur son cours ?

En puisant dans votre « essence de verre », vous avez la possibilité d'enrichir votre expérience de vie. Un travail sur vous, un récit de vie, une expression créative : tout ceci permet d'épaissir, d'alimenter la question du sens de l'existence. Inscrire son parcours individuel dans une époque, un temps, une histoire collective, une géographie, une lignée… lui donne un relief et un fil conducteur. Le psychisme individuel fait partie d'un ensemble, il est relié à ce tout.

On peut aussi vivre plusieurs existences en une. La durée de vie s'est allongée, les relations amoureuses comme les expériences professionnelles ne sont plus pérennes. Nous changeons de région ou de pays plus facilement. Nous apprenons à vivre des vies multiples qui, parfois, ne se ressemblent pas. La question du lien entre ces vies et du sens global qui en procède se pose avec acuité.

Le sens de la vie se situe dans la tension entre la création et la destruction, entre ces deux forces qui s'opposent constamment et cohabitent en nous. Nos trajectoires en sont imprégnées. Le double mouvement qui anime la vie en un flux et un reflux incessants colore nos expériences.

Sens concret ? Sens métaphysique ? La vie puise sa signification dans notre quotidien, dans nos expériences sensitives. Elle est faite de ces multiples instantanés sensoriels.

Au-delà des contingences et de la matérialité, on peut aussi trouver un sens dans la dimension immatérielle de la pensée. C'est l'itinéraire intellectuel, l'idéation, qui fabrique et élabore la substance de l'existence.

Le sens de la vie se perd et se retrouve. Il n'est pas unique ni immuable, défini par avance une fois pour toutes. Lui aussi est fragile, fluctuant, sensible aux changements. Il n'est pas isolé, comme un secret qu'il faudrait découvrir, aller chercher quelque part, ailleurs, loin de soi. Au contraire, il se fabrique méthodiquement, au quotidien. Il est un sac à remplir de multiples façons : en exerçant sa curiosité, son sens critique, en y mêlant ses enthousiasmes et ses doutes.

Les récits de voyage initiatique le disent : la quête qui motive le départ devient vite secondaire au profit des bénéfices que l'on retire des épreuves à vivre au cours du périple. Là résident les vrais apprentissages qui forgent l'identité, la maturité et la force.

Les voyageurs que nous sommes s'illusionnent souvent d'un but à atteindre. En réalité, le parcours est composé des expériences accumulées ; ce sont elles qui font de nous le sujet de notre existence.

Non seulement le sens de celle-ci peut donc nous échapper, mais il peut aussi varier considérablement d'une période à l'autre de notre vie.

★ Danielle : « J'ai eu une vie professionnelle très stable et une existence très conventionnelle, en couple, avec des enfants. À ma retraite, me retrouvant seule, je suis partie m'installer définitivement dans un pays d'Afrique. Je me suis intégrée dans un village, et je partage totalement le quotidien de ses habitants. Ma vie a pris un sens tout différent. Je suis partie à la rencontre d'autres valeurs, j'ai mis du renouveau dans mon existence, je me sens utile, concernée, impliquée. J'ai créé des liens qui me rendent heureuse. Je n'ai aucune envie de repartir. »

Il faut accepter qu'une vie n'ait pas qu'un seul sens. Selon le moment, ce dernier se construit, se déconstruit ; les priorités évoluent.

« Je » est en mouvement, l'histoire personnelle aussi. Les hauts et les bas en font partie. Les uns alimentent les autres et donnent sa richesse au tout.

Est-ce qu'il faut chercher un but à sa vie ? Vivre, c'est se projeter, avoir des objectifs. Mais nous ne nous limitons pas à nos buts, nous allons au-delà, dans un accomplissement de la vie. Dans cette dimension, la vie se suffit à elle-même, elle parle d'elle-même, se pose, sans rien chercher de plus.

Certains sont plus contemplatifs et conscients de cette dimension ; d'autres ont surtout besoin d'action, de réalisation concrète. Respecter son besoin fondamental revient à respecter la vie en soi.

En chercher le but, n'est-ce pas se demander ce pour quoi on est fait ? Quelle est notre mission ? Quel est notre désir ? Pourquoi avoir choisi telle ou telle voie ? Dans quel domaine nous épanouissons-nous ? Avons-nous fait des erreurs ? Avons-nous fait les bons choix ?

Peut-être pouvons-nous nous dire : « Je ne me suis pas trompé, je suis à ma place. »

Chaque pas est une construction pour aller vers l'accomplissement de la vie qui est en nous, dont nous sommes dépositaires. Prendre conscience de l'éphémère, de la finitude, nous permet de nous attacher à faire au mieux entre le point de départ et le point d'arrivée de notre existence. Cela nous pousse à décider de ce que l'on souhaite accomplir à travers notre itinéraire.

Redevenir sujet, c'est aussi parfois ne plus se laisser traiter comme un objet.

Être sujet de son histoire familiale ou sociale

Élaborez votre récit de vie, prenez conscience de sa dimension sociale, historique, afin d'en devenir l'acteur principal.

Nous sommes sujets au sein d'une histoire qui nous dépasse.

Nous devons arrêter de croire que nous sommes seuls et tout-puissants à présider à notre destinée, qu'aucun lien avec nos origines ne nous détermine.

★ Jordi : « Pendant longtemps, j'ai rejeté tout ce qui avait trait à ma famille d'origine, à l'histoire de mes ascendants. La "saga" familiale, comme je l'appelais, ne m'intéressait pas. J'étais persuadé de me construire en dehors, sans que rien ne vienne m'influencer. Je crois que c'est exactement le contraire qui s'est passé : plus j'ignorais d'où je venais, plus je reproduisais les situations dont j'étais issu, et moins je savais où je voulais aller. Ainsi, je me suis retrouvé dans une impasse, ne pouvant plus avancer car je me perdais dans mes contradictions : je ne parvenais pas à quitter mon milieu d'origine, ni à y rester, car je m'y sentais étranger. J'ai dû m'y intéresser et prendre conscience de l'histoire familiale, la mettre en mots. Et je me suis enfin senti sujet de ma propre vie. »

Cette histoire, nous ne l'avons pas choisie : nous n'avons pas désiré naître à cet endroit, dans cette lignée, à cette place. Pourtant, nous héritons d'elle, elle nous est léguée, telle quelle. Nous lui appartenons. Nous la portons. Nous la faisons vivre, mais nous ne nous réduisons pas à elle. Elle est à considérer pour sa valeur, ses réussites, ses échecs. Il ne s'agit pas d'en faire un étendard, mais d'en extraire quelque chose qui nous est propre. Nous pouvons renaître à notre propre histoire familiale.

Parfois, c'est douloureux. Parfois, les intrications sont compliquées. Parfois, il est difficile de se sentir à sa place, parce que l'accueil en son sein n'a pas été ouvert, ni généreux. Nous devons alors rattraper cela, ne pas subir ces manques, mais les accepter et les dépasser.

Nous appartenons aussi à un temps historique. Connaître l'évolution de nos sociétés nous éclaire sur nos fonctionnements, nous aide à relativiser. Rien n'est acquis, ce qui est important aujourd'hui ne l'était pas hier, l'évolution va continuer. Il est bon de prendre conscience que nous fonctionnons en complète immersion dans une époque, que nous en avons les caractéristiques, les manières de penser, les habitudes de vie.

Ainsi qu'évoqué précédemment, la mobilité sociale amène l'individu d'aujourd'hui à changer plusieurs fois parfois de profession, de milieu social, de région, de pays, de partenaire. Ces multiples possibilités au cours d'une vie produisent un grand sentiment de liberté, mais elles fragilisent énormément.

Nous devons nous réconcilier avec des parties de nous qui ont vécu et se sont éloignées, au point qu'elles semblent ne plus nous appartenir.

Le mouvement vers l'extérieur de soi : se relier aux autres

Restez relié, attentif à autrui, prenez soin des relations avec ceux qui vous entourent, proches ou plus lointains.

Le lien-distance

La bonne distance entre vous et les autres vous permettra de créer des liens affectifs réjouissants.

Être vulnérable, c'est être conscient du risque pris à se lier à autrui, à l'aimer. C'est avoir peur de ne pas être aimé, d'être déçu ou de décevoir. C'est aussi la capacité à ressentir ce qu'éprouve un autre individu, c'est connaître et pratiquer l'empathie.

Ce lien empathique à la base de tout échange humain nous rend perméables aux émotions d'autrui, concernés par les échanges et les histoires des autres, par leurs états d'âme. Cette capacité à comprendre, à éprouver, peut amener à se mettre à la place de l'autre, à porter son fardeau jusqu'à s'oublier soi-même.

Quand on en arrive à une fusion totale, ressentir l'émotion d'autrui peut donc être source de difficulté et de confusion au point d'entraîner une perte d'identité.

Comment faire de cette qualité d'empathie une force ? En apprenant à instaurer une bonne distance relationnelle. Nous avons besoin de distance pour nous relier aux autres. Au cours de sa vie, le fragile a testé la perte d'identité dans le lien trop fort, la déchirure de la séparation ou le sentiment d'abandon né d'une distance soudain devenue intolérable. S'il a fait un travail sur lui, il a appris à mesurer la distance et compris que l'échange ne peut avoir lieu que lorsque l'espace interpsychique est préservé.

« Car cette distance, cet inachèvement, permet la relance du désir.[1]

La faiblesse ou la précarité du lien entraînant notre souffrance, nous apprenons à ne pas polluer cette relation avec des demandes inappropriées, qui ne peuvent pas être comprises.

Nous devons réaliser un espace entre l'autre et nous, un espace libre de communicabilité. Apprenons à maintenir un cercle de sauvegarde autour de nous, à le maintenir hors des contraintes et des emprises. Cette distance n'exclut cependant pas la proximité : aimer dans la distance permet d'aimer vraiment l'autre pour ce qu'il est.

Ayant ouvert les portes de l'incertitude, s'étant confronté à ses manques, à sa tendance à se sentir abandonné, le fragile saura prendre soin du lien, lui octroyer du sens, car il le sait si précieux et si douloureux parfois.

L'empathie

L'empathie est un atout considérable, une qualité qui a présidé, par exemple, à l'élaboration des valeurs humanitaires et des grands textes humanistes fondateurs de la civilisation. En effet, quel serait l'intérêt pour l'humain d'avoir créé les droits de l'homme s'il était un être froid, sans sentiment ? Des valeurs comme la générosité et la volonté de voir l'humain progresser vers le respect de la vie et de la justice existent, même si elles sont très souvent bafouées.

1. *Du bonheur d'être fragile*, Jean-Claude Liaudet, éditions Albin Michel, 2007, page 127.

L'attention

Cultivez votre attention à l'autre, prenez soin de cet espace entre vous et autrui.

Lorsque l'on est fragile, on est particulièrement sensible au relationnel. La considération, l'attention à l'autre, les égards envers autrui peuvent se cultiver, se peaufiner, comme des exigences de qualité pour soi et pour l'autre. C'est la force du fragile.

Le concept de considération est souvent utilisé pour en indiquer le manque : beaucoup se sentent traités avec indifférence, négligence, comme un numéro parmi d'autres.

Comprendre l'autre est l'atout des fragiles. Ils possèdent cette qualité parce qu'ils ont eux-mêmes connu l'indifférence d'autrui ou le mépris de leurs attentes.

> « La compréhension de ses propres émotions mène tout naturellement à la compréhension des émotions d'autrui.[1]

Sans empathie, pas de plaisir dans les échanges, pas de cœur, pas de moteur dans l'existence !

L'empathie apporte de la subtilité dans les relations : elle permet de ne pas se fermer sur soi si on va mal, d'accepter de soi les mouvements de retrait puis de retour aux autres, d'éviter l'invasion et la fébrilité des échanges, tout en se méfiant du désert relationnel. L'amitié se cultive comme on cultive un jardin.

Être attentif, c'est prendre soin : de l'autre, de la nature, des valeurs, du monde, de soi.

1. *Que se passe-t-il en moi ?* Isabelle Filliozat, éditions Marabout, 2002, page 37.

Le mot « soin » a deux sens. « Soigner », au sens médical ou maternel, c'est le souci de la santé ou du bien-être de l'autre : s'en occuper, l'aider, panser ses plaies. L'autre sens signifie l'attention, la présence à l'autre : faire preuve de diligence, d'égards, de prévenance, et de sollicitude. Cette présence attentive est la plus fondamentale des réparations.

Le fragile peut là aussi se comporter en éclaireur et être dans le soin : faire attention aux autres, à la nature, à quelqu'un en particulier.

D'après Frédéric Worms, le soin comprend quatre dimensions, souvent dissociées mais qui doivent s'envisager ensemble, car elles forment une unité, chacune comprenant les autres : « le soin technique, le soutien moral, la solidarité sociale, le souci du monde. »[1]

1. *Revivre*, éditions Flammarion, 2012, page 281.

Le mouvement vers la créativité : poétiser la souffrance

Trouvez votre créativité : faites de la fragilité une source d'inspiration, un moteur de dépassement de vous.

Vous pouvez transformer le « mal de vivre » en mots, en récits, en dessins, en couleurs, en jardin, en objets, en sculptures, en chants, en notes de musique. Mais aussi en connaissances, en sensibilité artistique, en discussions philosophiques… Tout ceci permet d'exprimer une essence, de réaliser quelque chose en transcendant peine, douleur, solitude. Griffonnez, crayonnez, modelez, collez des images, écrivez (des poésies, des nouvelles, des instantanés, des phrases jetées, des pensées, un journal), photographiez… Ces activités laissent des traces et se déclarent à l'extérieur, elles sont le reflet d'une rêverie, d'un monde intérieur, d'un imaginaire puissant et salvateur.

Vous pouvez aussi observer, regarder, être là, simplement présent. Contempler. Contempler est un art, une quête, également.

« Je suis ici
Je ne fais rien
Mais peut-être suis-je à la chasse[1]

1. *Art poétique*, Guillevic, éditions Gallimard NRF, 2001, page 194.

...à la chasse d'un mot, d'une sensation, d'un rêve, d'un poème...

Contempler la vie, contempler une œuvre... Une production artistique peut entrer tellement en écho avec notre être qu'elle en devient soutenante. On se sent relié par la puissance d'évocation de l'artiste, à tel point qu'on trouve de la force, de l'énergie en s'imprégnant du spectacle.

★ Élisabeth : « J'ai trouvé une grande force dans une image reproduisant un tableau de Frida Kahlo qui s'appelle *L'Étreinte amoureuse de l'univers, la terre, moi, Diego et monsieur Xoloti*... Cette image m'a bouleversée, c'était le reflet de quelque chose à l'intérieur de moi, en correspondance avec ce que je vivais à cette période de ma vie. Je me sentais en résonance avec cette reproduction, je la regardais souvent. Elle m'a aidée, en quelque sorte. J'y voyais la sublimation de la souffrance en une harmonie avec l'univers, avec la Terre. L'objet de la souffrance amoureuse était réduit à l'état d'enfant dans les bras de Frida. Les bras de l'univers, bienveillants et un peu menaçants à la fois, m'ont fascinée. La Terre et la Lune veillant ensemble, le noir et le blanc juxtaposés contribuaient à me rendre ce tableau très proche. »

La fragilité est la source dans laquelle puiser les qualités de rêverie qui font accéder à la poésie de la vie, à l'art. Elle fait grandir l'imaginaire.

La fragilité a besoin de se dire, car elle est l'essence, la communication fondamentale entre toutes les âmes blessées. Devant une œuvre d'art, nous voyons nos propres angoisses, nos douleurs, notre humanité profonde, et c'est cela qui nous touche.

“ L'art est une blessure qui devient lumière (...) Ainsi la série de mes *Ateliers* continue à m'obséder, ces peintures des intérieurs ont été une profonde plongée en moi-même.[1]

1. Georges Braque, cité par André Verdet, dans *Entretiens, notes et écrits sur la peinture,* éditions Galilée, 1978.

Il s'agit de faire parler son histoire, quelle que soit la forme : récits de vie allant du roman social au roman intime, contes, poèmes ou chansons... Cette mise en langage du monde intérieur, du vécu et du ressenti, nous en fait découvrir la substance, elle nous porte à la voir avec plus de distance – la distance poétique.

En même temps, l'art nous confronte aux limites de toute forme d'expression : la création nous place dans notre dimension terrestre, finie, mais son aspect universel, atemporel et symbolique nous relie à la dimension immatérielle.

Il est possible de trouver (ou retrouver) son potentiel créateur afin de transformer sa sensibilité de fragile en poétique de la vie !

Chaque être humain a besoin de grandir, de se développer, de mûrir mais aussi : de transformer son environnement. C'est un élan synonyme de la vie même. Cette impulsion de vie créative vise à produire, à faire advenir ce qui est encore en potentiel, en devenir. Le processus de vie contient cet instinct fondamental. La créativité est ouverture au moment présent. Aussi faut-il y croire, s'y confronter, car cette dimension se laisse facilement dissoudre dans le quotidien si on n'y prend pas garde.

Nous avons tous quelque chose à faire valoir, à dire. Chacun a sa façon propre de voir le monde : c'est cette façon-là qui façonne un ouvrage, une œuvre. C'est dans notre perception unique du monde que se trouve l'acte créateur : que faire de notre vision, quels matériaux utiliser pour la traduire ? Accepter le manque, c'est être ouvert à l'incomplétude, donc à l'extérieur. C'est désirer, vouloir, attendre, donc créer, imaginer. C'est-à-dire vivre sa vie d'homme ou de femme.

En art, on transcende le quotidien.

« Chez un poète, il n'y a pas de réelle séparation entre le monde intérieur et le monde extérieur, rêve et présence au contemporain des choses sont consubstantiels.[1] » « Partir de l'intime, du douloureux et chercher la lumière, tout le temps. »[2]

Pour Olivier Py, monter sur scène est une expérience spirituelle de communion avec les inconscients des spectateurs :

« être agit même par cet inconscient-là[3].

Il faut partir de ses manques, de ses absences, de son vide, afin de les transformer en questionnement sur le monde, en une nouvelle réalité, inventée, fabriquée, qui fera ressortir l'essentiel, le dit du non-dit, le plein du vide, le rêve du réel.

Ne craignez pas l'expression poétique de vous-même, tout le monde est « poète », tout le monde a quelque chose d'essentiel à dire.

Le monde parfait n'existe pas. Il faut apprendre à faire avec le réel. Et le sublimer. C'est le propre de l'humain. Par un processus de sublimation, on va chercher autre chose au fond des manques. La frustration est utilisée pour créer, pour remplir autrement. Pour ne pas la subir, nous la travaillons.

Une force furieuse en nous transcende le manque pour l'anéantir, le supplanter, coûte que coûte. Elle peut se mettre au service de quelque chose de plus grand (art, pensée, technique artisanale ou thérapeutique, savoir), quelque chose qui nous dépasse et que nous servons avec humilité et passion, dans quoi nous nous accomplissons et nous dépassons. Nous y trouvons notre plénitude.

1. Olivier Py, acteur-metteur en scène-directeur du festival d'Avignon, propos recueillis par Fabienne Pascaud, *in Télérama* n° 3364, daté du 5 juillet 2014.

2. *Ibid.*

3. *Ibid.*

Travail, responsabilités, création artistique, recherche scientifique ou philosophique, action caritative… À chacun de trouver ce qui lui permettra de transformer sa frustration en une source d'énergie positive, afin de ne pas rester assis sur son creux, tétanisé par le vide, désorienté par le cynisme.

Le mouvement vers la réalité : investir le réel

Agissez dans le monde extérieur, cherchez votre forme de liberté. Construisez votre propre mode d'implication dans le monde, aménagez votre place.

Vivre, c'est agir. Le rapport au monde est notre moteur de vie. Mais pour le fragile, c'est particulier : plus sensible aux soubresauts et aux souffrances de son environnement, plus soucieux d'autrui, il se sent concerné en tout. C'est une qualité. Pour ne pas la laisser se perdre, concentrez-la au service de votre implication dans le réel, faites-en quelque chose de constructif.

Agir dans le monde, c'est créer sa place, son territoire, son espace relationnel. Nous y faisons l'expérience de notre identité dans l'altérité.

Investir le réel, dans un sens d'initiation, c'est le faire en étant au plus près de ce que l'on est : c'est avoir une activité qui met en valeur qui nous sommes, une activité qui respecte notre indépendance et nous porte aux responsabilités.

Être indépendant, gagner son autonomie financière… Tout est à penser non comme une évidence, mais comme un parcours à choisir entre de multiples options possibles. Agir, c'est parfois changer, c'est quitter, lorsque la situation devient irrespectueuse de soi, c'est rompre les amarres quand il le faut, s'il le faut. Agir, c'est faire l'expérience de sa liberté.

Le courage

Reprenez courage sans ignorer la peur, affrontez l'ombre. Soyez concerné.

Le fragile se sent concerné par le monde et ses troubles, ses « misères ». Il est présent à son environnement. Il a le courage de le regarder en face, de le voir, de s'astreindre à ne pas le fuir.

Quand on sait ce qu'est la violence de la chute, on connaît le prix du courage. On a souffert, on a rebondi après avoir plongé. On connaît cette force d'âme-là, intime, indicible. C'est le courage de naviguer en eaux profondes sans sombrer tout à fait, en se disant : « Je sais que ça va aller mieux, demain ou après-demain, que je vais remonter alors, en attendant, je tiens. Je me soumets temporairement à cette souffrance, pour ensuite ouvrir la fenêtre, sortir, respirer un autre air. »

Parfois, dans les périodes de déprime, ce courage d'aller de l'avant, d'affronter les événements, de vouloir s'en sortir est perdu de vue. On est las, fatigué. Il est nécessaire de reprendre courage, de le réactiver, car il permet la libération, la réalisation personnelle.

Finalement : avoir le courage de… sa liberté, explique la philosophe Cynthia Fleury :

> « Être courageux devient l'autre versant d'une sagesse. Celle d'être présent à soi-même, affranchi des sphères fantasmatiques.[1]

Retrouver du courage, c'est d'abord stopper la chute, soigner la plaie, éviter la durée d'inertie, puis recouvrer la vitalité. Il faut alors chercher de la force où elle se trouve : en soi, chez

1. *La Fin du courage*, Cynthia Fleury, éditions Fayard, 2010, page 43.

un autre, dans la présence de quelqu'un, dans l'intérêt pour quelque chose.

Le courage signifie ne pas remettre à plus tard ; c'est l'ici et maintenant.

C'est aussi ne pas déléguer. C'est commander à soi-même et s'obéir en passant ensuite à l'action. Car agir est la seule façon d'exercer sa liberté.

Comment agir sa vie ? En se mettant en rébellion contre la démission à soi.

Mais construire sa liberté comporte un prix à payer : un peu de solitude, pas beaucoup de sécurité, des mouvements, des incertitudes, du doute...

Il faut du courage pour changer, de la ténacité et un grand attrait pour la liberté.

Cela implique d'oser affronter ses démons intérieurs, ses peurs à vivre, ses hontes, ses doutes, d'avoir le courage de choisir et de risquer de se tromper. Il existe plusieurs formes de courage : le courage intérieur, celui d'explorer son histoire, même si elle est difficile ; le courage relationnel, qui consiste à savoir dire non, s'opposer, s'imposer, trouver sa voie, modifier son parcours pour aller vers ce qui plaît vraiment (entamer une formation dans un autre domaine que le sien, par exemple). C'est aussi celui de poser ses conditions, de déclarer son amour, de s'impliquer dans une relation.

Tous les courages se répondent, s'entretiennent, afin de donner la force d'agir. Agir pour les autres ou pour une cause, pour ses idées ou pour lutter contre une injustice souligne une autre forme de courage.

L'ancrage dans le réel

Construisez votre « ici et maintenant », concrétisez vos idées, ne restez pas dans le fantasme, ne vous contentez pas de rêver votre vie.

La part fragile a besoin de s'ancrer dans la réalité pour prouver que quelque chose est possible, pour exister autrement, pour canaliser ses phases de désespérance.

Il s'agit, par exemple, de retrouver le goût des gestes lents, du travail bien fait, qui valorise et rend heureux.

Appréhender une tâche qui aboutit à une réalisation finie, qui nécessite une concentration, permet de se recentrer sur le tangible. Cela alimente les sensations de présence au monde, à l'instant.

Dans sa vie quotidienne, se recentrer sur le concret, ce sur quoi l'on peut agir et qui est à sa portée, contrebalance le trop-plein de pensées, d'immatériel, de questionnements, d'élaborations fantasmées.

Cette dimension terrienne manque souvent à nos vies. Travaux durs ou légers, tout ce qui place dans la concrétisation, dans l'échange, dans la transformation des matériaux nécessite un autre langage. Celui-ci utilise le corps, les mains, une intelligence et un savoir différents, pas seulement ceux des mots, des discours, de la pensée.

★ Karim : « Je ne savais pas comment rebondir suite à une déprime. Par hasard, inscrit par une amie, je suis allé à un cours de cuisine. Cela a déclenché en moi un réel enthousiasme. J'ai eu envie d'en apprendre beaucoup plus, alors que je ne savais strictement rien faire. J'ai découvert que je pouvais transformer des ingrédients, inventer, améliorer, et j'ai apprécié de faire plaisir aux autres. Je me sens calme, je n'ai plus d'anxiété lorsque je cuisine. Cela m'a réellement remis le pied à l'étrier. Je me suis senti exister à travers la joie que je prenais et donnais. »

Mais l'ancrage dans le réel est aussi constitué par l'adéquation entre ses valeurs, ses idées et ses actions. Se sentir concerné, c'est donner une dimension concrète à son potentiel humain. « Je me réalise dans une profession, dans une activité, dans une création. Je donne à mes capacités virtuelles leur écrin de concrétisation. Je me place en même temps dans les limites de ce réel, qui va m'apprendre à diminuer mon désir de toute-puissance, ma volonté impérieuse, mes illusions. Je vais ainsi apprendre à m'adapter à ce réel. »

Dans l'action, dans le réel, on appréhende ses limites, on acquiert une conscience éclairée de celles-ci et, partant, de ce dont on est capable. Or, il est nécessaire de retrouver le sens des limites, du périssable, d'accepter que tout n'est pas possible, même si l'on s'en donne les moyens.

Il faut accepter que la fin et l'impossible existent pour soi comme pour les autres. Le rapport au concret nous détache du virtuel, du tout-intellect, du tout-pensée et de l'illusion de toute-puissance. Il nous permet de créer notre univers, notre place *ici*.

La dimension du réel est aussi celle de l'apprentissage et de la transmission. Transmettre revient à dire à quelqu'un de plus jeune : « Tu prendras ma suite, tu feras mon métier, je t'enseigne ce qui est issu de mes propres apprentissages, de mon expérience. »

C'est une démarche mutuelle, celle de l'exemplarité. Elle implique d'accepter d'avoir des modèles et de pouvoir en devenir un à son tour. Tout le monde peut être modèle pour quelqu'un.

Vivre cette épaisseur de la transmission, c'est se projeter vers la fin de sa vie : « Un jour, je ne serai plus là. » Et c'est se transcender : d'autres continueront l'évolution.

Vers le mouvement de la vie

Laissez-vous aller dans le mouvement de la vie. Laissez-vous porter par une force plus grande que vous.

Être fragile, c'est savoir que l'instabilité est inhérente à la vie. Apprenons à faire confiance au mouvement, au processus d'évolution.

Quelle que soit la direction choisie, nous devons prendre des décisions tout au long de notre itinéraire. Accepter les virages imposés par ces choix, c'est accepter de vivre une incertitude. Mais en même temps, laisser vivre en soi le processus, c'est découvrir les renouveaux inspirés des mouvements de vie.

Être pleinement dans sa vie, c'est être en devenir, c'est acquiescer à l'incertitude, mesurée et confiante. Une fluidité dans la vie peut alors être appréciée.

> « La vie pleine est un processus, non un état. C'est une direction, non une destination.[1]

Cet équilibre entre solidité et mouvance, celle du roseau de la fable de La Fontaine[2], est chose très difficile à trouver. Cet état nécessite une grande ouverture au vécu du moment, une connexion avec son élan vital, une conscience de ce que l'on ressent. Grâce à ces éléments, on peut apprendre à ne pas craindre le changement.

Changer, est-ce possible ?

Est-ce qu'on change vraiment ? Est-il possible de changer de vie ?

1. *Le Développement de la personne*, Carl Rogers. éditions Dunod, 1978, page 141.
2. Voir page 19.

Ces questions sont souvent posées, car à la fois le changement fait peur et attire terriblement. Parfois, nous voudrions tout chambouler, partir, tout laisser tomber. Nous rêvons d'un ailleurs, lointain et meilleur. Et puis nous reprenons notre route, notre travail, nos contraintes, frustrés du décalage entre le rêve et la réalité.

Pourtant, si nous y prêtons attention, le changement existe au quotidien. Des micro-mutations, des choix infimes et incessants ont lieu toute la journée. Si l'on y prête attention, chaque jour diffère du précédent. Chaque matin nous apporte une humeur, une coloration différentes : nous sommes enrichis du jour précédent, d'une lecture, d'une pensée, d'une discussion, d'une caresse d'enfant, d'un mot d'amour.

À nous de prendre conscience de cette richesse, d'en capter l'intérêt, la fugacité, de réunir notre mémoire autour des moments de vie.

Le changement fait peur. On veut changer, mais souvent sans rien changer.

Le changement ne peut être ni un but ni une fin en soi. Il est un processus plus ou moins long et profond.

Il se signale par une découverte qui nous étonne : « Tiens, "cela" a changé, "quelque chose" a changé », de façon subreptice, douce, souterraine. Émergent une région nouvelle qu'on se plaît à parcourir, des forces neuves, qui sont comme soudainement alimentées par une source inconnue.

Un processus de vie en mouvement apportera forcément des modifications ; elles seront d'abord intérieures, puis des possibilités se feront jour à l'extérieur.

Le changement intérieur se déroule en parallèle avec le changement extérieur, l'un ne peut exister sans l'autre. Certains rompent radicalement avec une vie ancienne ; va s'ensuivre un bouleversement intérieur. D'autres voient mûrir des forces nouvelles au cours d'un long apprentissage d'eux-mêmes ; un changement de vie suivra, à plus ou moins long terme.

Dans tout grand changement, il y a un retour sur soi, un réapprentissage, une renaissance à soi.

Le changement est une tension entre deux mouvements. Une croisée de chemins, un carrefour, une opportunité, un parcours qui s'arrête, un autre qui démarre. La route va être modifiée.

> Dans son film *Bird People* (mai 2014), la réalisatrice Pascale Ferran met en scène deux personnages, Gary et Audrey. Le premier, un cadre angoissé et surbooké, avec un agenda dément, en rendez-vous d'affaires dans le monde entier, est de passage dans un hôtel à l'aéroport de Roissy. La seconde, une étudiante contemplative et rêveuse qui ne va plus à la fac, occupe un emploi de femme de ménage dans le même hôtel. Des existences méticuleuses, organisées, sans âme et sans plaisir, semble-t-il, pour l'un comme pour l'autre. Ils ne se connaissent pas, pourtant ils provoquent tous les deux en même temps, bien que de manière très différente, un changement profond dans leur vie.
>
> Les symboles du voyage, du départ sont omniprésents : trains, taxis, avions, voyageurs, oiseaux, ciel, hôtel, communication virtuelle… Tous ont pour point central l'aéroport, de jour comme de nuit, lumineux ou gris, vide ou bondé. Aucun lieu de vie n'est défini, personne n'est d'ici, tous sont en partance, en transit, légers, suspendus au temps, sans attaches, prêts à s'échapper. Tout est en mouvement, en croisement, en brouhaha. Cet univers représente clairement un aspect de nos vies contemporaines.
>
> C'est alors que l'un comme l'autre coupent le fil de leur existence actuelle. Une rupture brutale et totale pour l'un ; une métamorphose emplumée pour l'autre. Chacun a pris son envol pour devenir soi, en un double mouvement initiatique.

Changer, c'est difficile

Le changement oblige à faire un choix, c'est-à-dire à sectionner, à quitter. Il amène à détruire les investissements anciens. Le regretterons-nous ?
D'autre part, il est une prise de risque. Le changement nous engage dans une voie neuve, il est une action vers l'avenir, une projection dans le monde, l'ouverture à autre chose. Pendant un temps, c'est l'inconnu.
La difficulté à faire un choix, donc à changer, nous inhibe dans beaucoup d'actions. La peur de quitter le connu et d'entrer dans l'inconnu nous fait perdre nos capacités d'inventivité et de créativité. Mais le regret peut être grand de ne pas avoir choisi, de ne pas avoir bougé !

Le mouvement vers l'harmonie de la vie : élaborer sa plénitude

Construisez votre individualité, votre territoire personnel, en prenant soin des fondamentaux et de l'harmonie de la vie.

La réconciliation ou l'éloge de la nuance

Acceptez les nuances, les approximations, les différences, comme des effets de contradictions inhérentes au processus de l'humain en marche.

Le fragile a le sens des nuances : pour lui, rien n'est tout noir ou tout blanc.

Il sait que la vie est guerre et paix combinées. C'est ce que la fragilité nous apprend : à combiner les contraires, à les accepter ensemble, à n'en privilégier aucun, car cela se ferait au détriment de l'autre, et donc de l'ensemble.

Toutefois, se construire dans l'unité pour grandir et s'élever ne signifie pas la simplification ni l'uniformité, bien au contraire ! Il faut réunir les contradictions et les intégrer à notre développement. Elles permettront d'élaborer une complétude nouvelle, qui prend en compte toutes les facettes des choses. La réalité est toujours mitigée, elle mêle plusieurs tendances, des nuances, des hésitations, des creux et des pleins, des remords et des traits, comme en peinture.

Les oppositions sont fondatrices.

> “ Le blanc et le noir ne peuvent pas vivre l'un sans l'autre, et chacun permet à l'autre d'atteindre son sens plein et entier. Leur destin est indissociable, sous peine de perdre la complexité, la nuance, la différence. Ce que certains appellent la vie.[1]

Le mélange du blanc et du noir forme le gris de nos vies. Ce gris peut être terne, triste, mais aussi lumineux, joyeux (à la fois absorbant et révélateur, comme l'a montré le peintre Nicolas de Staël dans son œuvre à la palette si riche de nombreux gris tous différents, qui amènent une idée de vastitude).

Le dosage entre les deux permet d'affiner notre nuancier, pour chercher l'équilibre du moment, selon l'humeur, le passage du temps, la préférence de l'instant.

Car nous sommes tributaires de l'air qui nous entoure, en captation de cet environnement qui nous englobe et dans lequel nous cherchons à bâtir notre spécificité.

Nous ne sommes pas isolés, mais très concernés, notamment par les nouvelles du monde, les drames qui nous entourent.

Nous devons apprendre à ne pas les prendre en charge, à ne pas trop nous laisser envahir par les nausées du monde, surtout quand nous sommes en état d'hyper-réceptivité – ce qui arrive en cas de trouble, de déprime, lorsque nous sommes en plein doute, en plein travail psychique.

Nous pouvons veiller à nuancer les approches : être attentifs au beau, au bon, au sublime de la vie. Savoir aussi observer guerres, injustices, outrances, comme des manifestations humaines, tout en les réprouvant.

La réconciliation, c'est aussi admettre et harmoniser les tendances contraires en nous, nos forces qui s'opposent. C'est

1. *Abécédaire de la réconciliation*, Robert Zarader and Co, éditions Le Bord de l'eau, 2012, page 79.

accepter de n'être pas d'un seul bloc. Le propre des fragiles est de se mouvoir dans le doute, dans l'approximation, dans le respect des oppositions. La sensibilité ouvre la porte de la temporalité, car le chemin vers la nuance prend du temps et ne se donne pas à voir immédiatement.

L'intégration des contraires en une synthèse permet la circulation de la vie.

Elle s'articule autour de couples de forces fondamentales comme :

- Lien-déliaison
- Espérance-désillusion
- Lucidité-aveuglement
- Unité-différenciation

Qui s'unissent en une synthèse créatrice de mouvement.

Il est impossible d'avoir uniquement des liaisons, sans déliaisons. Si tous les liens étaient inaltérables, nous serions dans l'immobilisme et la fixité, attachés une fois pour toutes aux mêmes personnes. Se délier permet de créer d'autres liens, de progresser vers de nouveaux horizons, d'élargir ses intérêts.

On ne peut espérer sans désillusion, car le rêve n'est pas du même registre que le réel. La déception nous pousse à espérer de nouveau, autre chose...

De même, il n'existe pas de lucidité sur un sujet sans un aveuglement sur un autre sujet. Une fois devenus lucides sur cette part aveugle, et pour éviter d'autres aveuglements, nous sommes emportés vers de nouvelles connaissances, de nouveaux savoirs, qui nous font évoluer encore.

L'unité sans différenciation serait uniformité, bloc inerte.

Ainsi, on peut s'enrichir de tout : tout est à relier pour aider à l'harmonisation à laquelle chacun aspire. L'harmonie ne peut être permanente, il faut des ruptures afin de mettre ses forces au service de la vie.

La conscience de la fragilité a justement amené à savoir observer les nuances, les subtilités. Aux aguets, le fragile voit l'eau trouble, ressent les tremblements de la vie, perçoit les hésitations, les soubresauts, les contradictions. Il est à l'aise dans les chemins de traverse.

Si nous apprenons à nous construire dans la subtilité, nous trouverons d'abord du plaisir et de l'intérêt dans ce qu'il nous est permis d'observer. Nous parviendrons ensuite à un équilibre fin et précieux, que nous serons amenés à travailler, à étudier. Nos tendances opposées, en s'accouplant, se modéreront, s'harmoniseront. Elles créeront un mouvement et un rythme propres, emportés dans la cadence de la vie.

La distinction

Élaborez ce qui vous distingue et vous rend unique, tout en cultivant le lien non-compétitif au monde.

Pour créer sa plénitude, il faut définir son territoire et l'unifier : le rendre habitable. Mais ensuite, au sein de cet espace, nous devons accréditer et cultiver la différence, élaborer ce qui nous distingue, ce qui nous sépare.

Nous devons forger notre distinction.

Ce faisant, gardons-nous toutefois des comparaisons, des discriminations, qui engendrent une hiérarchie liberticide. Se distinguer d'autrui n'est pas supplanter, anéantir ni rejeter. Cultiver la faculté de discernement permet simplement de distinguer la tromperie dans les discours unitaires et simplistes, la pauvreté intellectuelle des convictions, la médiocrité des comportements-réflexes consuméristes.

Utilisons les antennes de notre sensibilité au monde pour prendre du recul et nous ouvrir. Mettons à profit cette retenue, cette méfiance, cette alerte, pour créer un espace de vie entre soi et le monde, où viendront se nicher la réflexion, la pensée, l'observation et la rêverie.

La compétition tue l'humain en chacun. Être connecté à sa dimension fragile permet de prendre conscience de la fragilité de l'autre. Un autre auquel on a peut-être demandé de l'aide, à qui l'on s'est confié. Nous savons alors que l'échange, l'entraide, la parole d'un autre, son regard, son soutien, sont des denrées indispensables à notre survie, à notre vie.

Nos sociétés, qui bafouent la sensibilité humaine et portent la compétition comme une valeur incomparable, nous isolent et nous rendent fous.

De nombreuses voix aujourd'hui s'élèvent pour crier au danger si nous ne reconsidérons pas les valeurs d'échange, d'entraide, de générosité et d'empathie. À défaut, beaucoup s'exaltent pour des modèles monstrueux.

Le silence

Reprenez contact avec votre silence intérieur.

C'est lors des passages par la fragilité, ses douleurs et ses joies, que nous découvrons l'essentiel de nos besoins, que nous rencontrons nos rythmes fondamentaux de vie.

Nous apprenons alors que nous sommes comme l'eau, que nous habitons totalement notre être, notre corps. Chaque particule de nous est vivante, pleine de la vie telle que nous la concevons, telle que nous l'aimons, telle qu'elle nous a été transmise.

Ces particules qui nous composent sont les mêmes que celles qui constituent l'univers. Or, l'univers est là, tout simplement présent, silencieux, comme nous sommes aussi simplement, présents, silencieux.

« Je voudrais parler silence
Le silence parle du centre
C'est d'eux que j'ai besoin.[1]

Dans l'élaboration de notre plénitude, nous sommes pleins de ce silence qui nous relie au centre en nous, puis à l'extérieur, et qui nous rend présents à tout.

Forts de cette présence au monde, nous pouvons laisser la vie nous habiter autant que batailler pour exister. Nous pouvons construire et, en même temps, lâcher prise. Et pratiquer l'art du silence. Le silence est méditatif, intérieur et extérieur. Le silence est écoute. On ne peut pas écouter si l'on ne fait pas silence.

Le silence est plein. Ce n'est pas le vide. Apprenons à voir sa richesse. Le silence est ce qui nous habite fondamentalement et complètement. Chacun abrite sa part de silence, irréductible. Sachons la valoriser, pour mieux parler ensuite… pour mieux voir et mieux sentir ce qui se passe.

Le silence n'existe pas : il y a toujours du bruissement. Un éclat quelque part. La nuit, y compris celle de nos cœurs, nous apprend l'écoute de ces murmures, de cette autre expression universelle.

Apprenons le rythme de la nature. Celle-ci est parfois cris, parfois silence, mais un silence comme en attente, en suspens. Le silence attend son heure de bruit.

Il nous faut accepter de faire grandir cette sorte de silence en nous.

1. *Art poétique*, Guillevic, éditions Gallimard, collection NRF-Poésie, 2001, page 219.

★ Alexis : « Pour m'échapper de ma vie trépidante et passionnante mais très prenante, je passe une semaine seul, une fois par an, dans un lieu retiré. Je vis très chichement, je n'apporte rien de mes outils de connexion habituels, je ne communique avec personne. Je fais le vide en moi. Je médite, je pense, je m'astreins à ne rien faire. Je cultive une sorte de silence en moi. J'ai été un peu déboussolé la première fois, et même très angoissé. Mais aujourd'hui, j'y vais sans appréhension, j'attends ce moment, il me fait un bien énorme, j'en ai besoin pour retourner dans mon arène de vie. »

Les rythmes

Apprenez de la fragilité le respect de la lenteur. Retrouvez le sens des rythmes biologiques, des cycles de la nature, reprenez goût à la simplicité.

Lenteur, simplicité, patience

Vous pouvez accéder à la pleine conscience du corps, de l'esprit, de l'environnement à travers la simplicité, la poésie et l'expression du cœur ici et maintenant.

Trouver de la force en soi, c'est reprendre contact avec un rythme différent, celui de la maturation en profondeur, de l'intériorité. C'est trouver le rythme de l'élaboration tranquille aidée du temps, le mouvement lent et sûr soutenu par la confiance et l'attention à ce qui se passe.

Nous avons besoin de recouvrer quelque chose en nous et au-dehors, quelque chose que nous perdons dans nos vies en course perpétuelle. De temps en temps, nous avons besoin de contempler la vie, la nature, un paysage, une nuit étoilée, la mer, sans rien faire d'autre. Prenons le temps par exemple de regarder les arbres, d'apprendre d'eux le simple fait d'exister.

Nous parlons de vitesse, d'urgence, d'agenda « surbooké ». Et si, profitant de ce regard que nous portons à l'intérieur de nous, nous parlions maintenant d'éloge de la lenteur, de sobriété, de paix ?

Ces valeurs reviennent en force. Nous y sommes poussés par notre exaspération devant la perte de notre identité et devant les difficultés à exister dans un monde si chaotique et désordonné.

La surproduction, la profusion nous empêchent de rêver et, encore plus, de réaliser nos rêves.

> Olivier Saillard, historien de la mode, créateur, directeur du musée de la mode de la ville de Paris, fait campagne pour le ralentissement du rythme des collections. Selon lui, la rapidité tue la créativité. Par essence, celle-ci a besoin de lenteur, de calme.
>
> « La création a vertu à se reposer »[1], dit-il.
>
> Son idéal est de refuser la mécanique de la réussite et des marques pour écrire une histoire de créateur singulière, pour créer des choses rares, qui donnent une expérience de calme, de repos.
> Le temps est mis en suspens pour réfléchir, mieux voir, discerner. La lenteur apprend à être plus attentif au fond qu'à la forme, à la qualité plutôt qu'à la quantité. Si nous prenons le temps, nous voyons les choses, et non le mouvement des choses. Plus de présence, plus de conscience s'insèrent alors dans notre vie.

Il faut faire l'expérience de la durée. Par exemple, nous pouvons peut-être retrouver, par la lecture, le rythme des longues phrases ou des poèmes qui incitent à la méditation ? des instantanés qui ouvrent sur un vaste champ de rêverie ?

1. Interview réalisée par Dominique de Saint Pern dans *M le magazine du Monde* le 13 septembre 2013.

« Cérémonie du simple, Exercice de la patience,
Lire est un chemin, parmi tant d'autres
Croître en clarté, voilà le but.[1]

Simplifier, c'est choisir, c'est approfondir. Simplifier, c'est s'extraire de la course, du mouvement qui ne pense pas, pour réfléchir à sa propre route.

« La simplicité volontaire crée une étrange euphorie... Cette euphorie qui signe la reprise en main de sa vie, de son destin, la sortie de la frénésie consumériste à tous crins.[2]

C'est à partir du calme, de la paix, que l'on peut se penser individuellement, que l'on peut penser sa vie. Le fragile, passé par les étapes de la descente puis de la reconstruction, reprend ses forces dans la tranquillité et la lenteur, pour réinitialiser sa route.

★ Morgane : « J'ai travaillé de nombreuses années dans de grandes entreprises où le temps de penser n'existait pas, où l'urgence était l'état normal, où je ne pouvais pas aborder un travail de fond, où je papillonnais. Je gérais trente-six choses en même temps, dans un stress infini qui en appelait toujours un autre. Pour ne pas me perdre complètement, j'ai décidé de consacrer de plus en plus de temps à ma vie personnelle, à mes activités. Je me ressourçais régulièrement, j'expérimentais d'autres rythmes. Pour cela, il m'a fallu réapprendre à vivre, car la frénésie me manquait, je ne me retrouvais pas dans le calme et la réflexion, je paniquais, je m'ennuyais, j'avais l'impression de perdre mon temps, de ne pas être efficace. Pire : je culpabilisais. »

Trouver son temps à soi, c'est aussi ne pas attendre pour commencer quelque chose qu'on a prévu d'accomplir : la vie

1. *L'Enchantement simple*, Christian Bobin, éditions Gallimard, page 129.
2. *Invitation à la lenteur*, Monique Neubourg, éditions de La Martinière, 2012, page 171.

n'attend pas. Ce n'est pas non plus se précipiter dans l'urgence ni répondre instantanément aux demandes. C'est prendre du recul en préférant la temporisation, la réflexion, pour sortir de l'état d'urgence permanent.

L'état d'urgence

Savoir remettre à plus tard : une force pour devenir sujet. Répondre à une demande, agir dans la précipitation consomment énormément d'énergie et entraînent beaucoup de déplaisir. Dans l'immédiateté, la personne s'efface. Seule la demande compte, et la réponse est si rapide qu'elle n'a pas à être pensée, créée. Ce processus est source de dépersonnalisation. Les particularités, les différences s'émoussent. Le sujet disparaît, il devient anonyme. Seules sa réponse et sa réactivité sont prises en compte.

L'harmonie

La vie est un mouvement cyclique, comme nos saisons, comme le jour et la nuit, comme l'éveil de la vie et sa limite, comme les générations qui se suivent et ne se ressemblent pas !

Après les tempêtes de nos nuits noires viennent les calmes matins où nous nous éveillons. Après la déprime, le sourire. Après la fatigue, l'énergie nouvelle se mobilise.

Notre corps a besoin de ces alternances de rythme pour récupérer son énergie, pour reprendre son souffle. Il nous faut retrouver le sens de nos besoins vitaux, en profondeur. Notre corps n'est pas une machine toujours prête à servir. Il a ses capacités et ses faiblesses, à nous de bien les comprendre.

Comme dans une symphonie, les rythmes de vie alternent : régression, évolution s'expriment et ont leur raison d'être. Lenteur et vitesse sont parfaitement complémentaires. Bien qu'elle semble devenir nécessaire après des années « glorieuses » de surconsommation, la sobriété s'annonce impossible à tenir seule : la vie est aussi besoin de profusion, d'ouverture, d'excès ! La nature peut être luxuriante, elle n'est pas seulement douce et tranquille !

Les époques fastes de luxe et d'éclatement des valeurs ont toujours vu naître en elles des courants prônant le retour aux fondamentaux que sont l'humilité et la tempérance, comme pour contrebalancer les excès de la profusion. Les deux sont des besoins vitaux, comme les systèmes alternés et rythmés de la nature : éclosion, foisonnement, luxuriance, puis assèchement, enfouissement, repli.

Et pourquoi pas ?

Ne pas générer du triste, mais savoir aussi s'épancher, pour s'épanouir ? « Je clame mon envie de silence ! » disons-nous parfois au prix de contradictions insolubles !

Les sources fondamentales du mouvement impulsant la vie s'expriment tour à tour en termes alternés d'expansion et de concentration.

Tentons de rester au contact de ces courants d'énergie vitale en nous. Pour créer notre harmonie personnelle.

Conclusion

Le parcours auquel je vous ai invité dans cette dernière partie contient huit pistes d'observation, huit points de concentration et d'ouverture possibles sur les potentialités de votre part fragile.

Ce sont des idées dans lesquelles je vous invite à piocher à votre guise, afin que vous vous conduisiez en éclaireur de vous-même. Aidé de ces outils, menez vos réflexions et vos explorations.

Vous pouvez partir en voyage vers vous-même, accompagné ou seul. C'est un voyage infini, riche et mouvementé souvent.

Ces matières à méditation ou à action vous donneront peut-être envie de faire autrement, de découvrir un côté que vous n'aviez pas considéré jusque-là, ou pas vu ainsi, de lancer des ponts vers vos propres expériences.

Le but de la démarche est d'apprendre à vous fier à votre instinct fondamental, mesure de vous-même. Avec lui, si vous maintenez votre vigilance en éveil et votre curiosité en alerte, vous saurez trouver le chemin de vos forces intérieures.

Conclusion

L'espèce humaine a construit des valeurs universelles qui transcendent les comportements, des principes qui reposent sur les équilibres essentiels, tels que la préservation et le respect des autres espèces et des ressources terrestres.

Ces fondamentaux sont souvent oubliés. L'humain a la faiblesse de croire qu'il a perdu sa fragilité dans la modernité. Il n'en est rien : il la retrouve, et elle le brise.

Maintenant, chacun peut prendre conscience de cette part de fragilité en lui pour s'élever et se mettre au service des grandes lois de respect et d'humanité.

> « L'homme n'est grand que quand il reconnaît, avec courage et sérénité, que sa force le dépasse, l'emporte, l'élève, pour atteindre d'autres mystères.[1]

Apprendre le bonheur de vivre n'est pas chose aisée. Il est plus simple et radical de décider que tout est monstrueux, et qu'on ne peut rien y faire. Dans ce cas, ne rien faire obéit à une logique déterministe. Tout est préconçu désastreux et ne peut être ni réparé, ni relié, ni dépassé.

La simple observation de l'existence montre au contraire qu'il existe une marge de manœuvre et de décision, y compris où on

1. *Le Mystère et la Raison*, Jacques Attali, *in Revue INREES*, n° 11, septembre 2011, page 96.

ne la croyait plus possible. Il n'y a pas d'absolu. En somme, tout est à construire, avec cette ouverture sur l'inconnu que nous donnent nos capacités d'échange et de renouvellement, nos liens avec le monde, avec les générations précédentes et celles à venir.

Travailler sa fragilité, c'est remonter le courant, prendre un risque, résister, se supposer créateur de son histoire et l'assumer.

Force et fragilité s'imbriquent pour constituer nos fondations identitaires. Elles sont indissociables.

Bien sûr, la part d'ombre inhérente aux processus vitaux ne peut pas être négligée.

Nous pouvons nous mettre au service de notre nature pour en extraire le côté positif et dynamique. Nous pouvons également nous pencher sur ce que la vie a de terrible, nous y trouverons aussi les ressorts de notre épanouissement constructif.

> « Tout à la fois merveilleuse et terrible, désopilante et atroce, noble et ignoble, bien et mal, elle est complexe, donc imprévisible, donc passionnante. C'est la condition de notre réflexion et la source exclusive de notre lumière.[1]

Nous pouvons devenir créatifs et inventer la forme de vie en hommage à nos dons, nos particularités, nos richesses, nos sensibilités, nos faiblesses mêmes. Nous exprimerons et sublimerons nos doutes existentiels.

Des souffrances et des frustrations naissent des aptitudes nouvelles, des forces insoupçonnées parfois, et l'envie de vivre.

Au-delà des deuils, des désillusions, des désespérances se trouve une forme de sagesse à faire grandir et à cultiver toujours, car elle n'est jamais acquise. Cette sagesse consiste à ne

1. *Professeurs de désespoir*, Nancy Huston, éditions Actes Sud, 2004, page 353.

pas attendre de la vie plus qu'elle ne peut donner. À ne pas croire indéfiniment que quelque chose va arriver ou que tout va durer éternellement. Ne plus attendre pour goûter enfin la saveur de la vie, pleine de mélanges, de textures diverses et de goûts variés : fatigue, colère, dégoût, amertume, tristesse aussi bien que joie, allégresse, vitalité, plaisir, appétence.

Les deux registres sont constitutifs de nos vécus. Le 'vouloir-vivre', si fort en nous, implique la force de supporter ces variations de l'expérience. Il est impossible d'en gommer une partie sous prétexte qu'elle est moins agréable. De la même manière, vivre suppose l'acceptation de la vie et de la mort. Vivre, c'est se faire une raison : celle de sa finitude, de la fin de toute chose. Les souffrances font partie du bonheur à vivre. Vivre, c'est accepter ce combat entre les peines et les plaisirs, entre les fatigues et les ardeurs, entre les faiblesses et les forces, entre les déceptions et les confiances.

Bibliographie

Nicolas Abraham et Maria Torok, *L'Écorce et le Noyau*, éditions Flammarion, collection Champs essais, 2009

Antonin Artaud, *Van Gogh, Le Suicidé de la société*, éditions Gallimard, collection L'Imaginaire 2014

Christian Bobin, *L'Enchantement simple*, éditions Gallimard, collection NRF-Poésie, 2001

Albert Camus, *Le Mythe de Sisyphe,* éditions Folio essais, 2009

L'Étranger, éditions Gallimard, collection Folio, 1985

Belinda Cannone, *Le Sentiment d'imposture*, éditions Calmann-Lévy, 2005

Jean-Claude Carrière, *Fragilité*, éditions Odile Jacob, 2011

Emil Cioran, *La Tentation d'exister*, éditions Gallimard, collection Tel, 2009

Le Crépuscule des pensées, éditions Le Livre de poche, collection Biblio essais, 1991

André Comte-Sponville, *Impromptus*, Presses universitaires de France/ Perspectives critiques, 1996

Anne Delbée, *Une femme*, éditions Le Livre de poche, 2013

Françoise Dolto, *La Difficulté de vivre*, éditions Le Livre de poche, 1990

Tout est langage, éditions Le Livre de poche, 1990

Marguerite Duras, *Hiroshima mon amour*, éditions Gallimard, collection Folio, 1972

Alain Ehrenberg, *La Fatigue d'être soi. Dépression et société*, éditions Poches Odile Jacob, 2010

Pierre Fédida, *L'Absence*, éditions Gallimard, collection Folio essais, 2005

Des bienfaits de la dépression, éditions Odile Jacob, 2003

Isabelle Filliozat, *Que se passe-t-il en moi ?* éditions Marabout, 2002

Cynthia Fleury, *La Fin du courage,* éditions Fayard, 2010

Sigmund Freud, *Deuil et Mélancolie*, éditions Payot, collection La Petite Bibliothèque, 2010

Au-delà du principe de plaisir, Presses Universitaires de France, Quadrige, 2010

La Technique psychanalytique, Presses universitaires de France, 1989

Nouvelles conférences d'introduction à la psychanalyse, éditions Gallimard NRF, 2006

Sylvie Germain, *Mourir un peu*, éditions Desclée de Brouwer, 2000

Denise Gimenez-Ramos, *La Psyché du corps*, éditions Dervy, collection Chemins de l'Harmonie, 2013

Georg Groddeck, *Le Livre du ça*, éditions Gallimard, collection Tel, 1992

Guillevic, *Art poétique*, éditions Gallimard, collection NRF-Poésie, 2001

Laurie Hawkes, *La Force des introvertis*, éditions Eyrolles, 2013

Nancy Huston, *Professeurs de désespoir*, éditions Actes Sud, 2004

Siri Hustvedt, *La Femme qui tremble, Une histoire de mes nerfs*, éditions Actes Sud, 2010

Thierry Janssen, *La Solution intérieure*, éditions Fayard, 2008

Alexandre Jollien, *Éloge de la faiblesse*, éditions Marabout, 2012

Carl Gustav Jung, *Essai d'exploration de l'inconscient*, éditions Gallimard, collection Folio essais, 1988

Dialectique du Moi et de l'inconscient, éditions Gallimard, collection Folio essais, 1988

Marie-Lise Labonté, *Le Point de rupture*, éditions Albin Michel, 2009

Henri Laborit, *Éloge de la fuite*, éditions Gallimard, collection Folio essais, 1985

Jean de La Fontaine, *Fables*, Pocket, 2009

André Langaney, *La Plus Belle Histoire de l'homme*, éditions du Seuil, 1998

Jean-Yves Leloup, *Lettres à un ami athée*, éditions Philippe Rey, 2008

Jean-Claude Liaudet, *Du bonheur d'être fragile*, éditions Albin Michel, 2007

Dominique Loreau, *L'Art de la simplicité*, éditions Marabout, 2012

Haruki Murakami, *Au sud de la frontière, à l'ouest du soleil*, éditions 10/18, 2006

Juan David Nasio, *Enseignement des 7 concepts cruciaux de la psychanalyse*, éditions Rivages, 1989

Monique Neubourg, *Invitation à la lenteur*, éditions de La Martinière, 2012

Jean-Marie Pelt, *La Loi de la jungle, L'agressivité chez les plantes, les animaux, les humains*, éditions Fayard, 2003

Platon, *La République*, éditions Garnier Flammarion, 1966

Jean-Bertrand Pontalis, *Avant*, éditions Gallimard, 2011

François Rabelais, *Gargantua*, éditions Pocket, collection Classiques, 1998

Pierre Rabhi, *Vers la sobriété heureuse*, éditions Babel, 2013

Arthur Rimbaud, *Œuvres*, éditions Pocket, collection Classiques, 2010

Carl Rogers, *Le Développement de la personne*, éditions Dunod, 1978

Aurore Sabouraud-Seguin, *Revivre après un choc*, éditions Odile Jacob, 2006

Jean-Paul Sartre, *Huis Clos*, éditions Gallimard, collection Folio, 2000

Djohar Si Ahmed, Gérald Leroy-Terquem, *Développer son intuition même quand on a l'esprit fermé*, éditions Solar, collection Harmonie, 2014

Simone Weil, *La Pesanteur et la Grâce*, éditions Pocket, Agora, 2012

Tennessee Williams, *La Ménagerie de verre*, éditions 10/18, 1995

Frédéric Worms, *Revivre, Éprouver nos blessures et nos ressources*, éditions Flammarion, 2012

La vie qui unit et qui sépare, éditions Payot, collection Manuels, 2012

Robert Zarader and Co, *Abécédaire de la réconciliation*, éditions Le Bord de l'eau, 2012

Harmonie SOLAR **les guides grand format**

Cultiver son moi
LYNDA FIELD

Parler vrai pour changer sa vie
SARAH ROZENTHULER

Se réinventer au travail
STEVE NOBEL

Envie d'aimer
JOAN GARRIGA

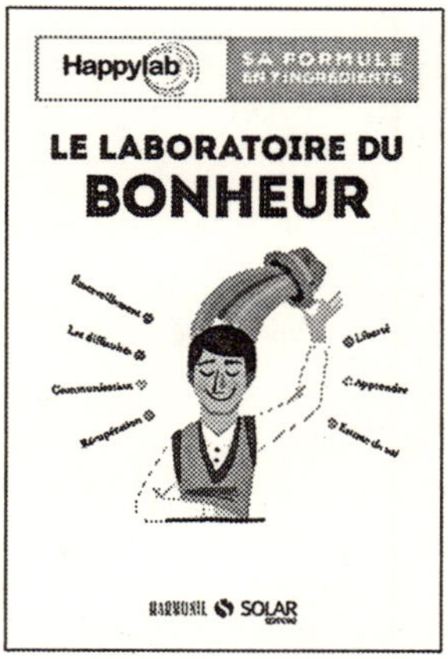

Le Laboratoire du bonheur
HAPPY LAB

Réveillez le chaman qui est en vous
ARNAUD RIOU

[Dé]stresse !
ISABELLE MÉTÉNIER

Pas besoin d'être tibétain pour méditer
CHRISTINE BAROIS

Osons la fragilité !
GENEVIÈVE ABRIAL

Harmonie SOLAR **les guides poche**

Gérer son énergie même quand on est à plat
ODILE CHABRILLAC

Développer son intuition même quand on a l'esprit fermé
DJOHAR SI AHMED
GÉRALD LEROY-TERQUEM

Plonger au cœur de soi même quand cela semble impossible
PATRICIA PENOT

Revivre même quand on est terrassé
PASCAL NEVEU

Gérer les emmerdeurs même quand il faut faire avec
MIKE LEIBLING

Retrouver confiance en soi même quand on s'est fait plaquer
ODILE CHABRILLAC

S'aimer même quand on est bourré de complexes
AURORE AIMELET

S'affirmer même si on manque de confiance en soi
YVES-ALEXANDRE THALMANN

les kakémonos
Harmonie SOLAR

DES KAKÉMONOS D'EXPRESSION CRÉATIVE
60 MODÈLES À COLORIER, VÉRITABLES INVITATIONS À LA MÉDITATION ET À LA CONTEMPLATION

Bloc grand format 27 X 42 cm Pages détachables et perforées

GUYLAINE MOI

LOOPS

GUYLAINE MOI

les carnets
Harmonie SOLAR

DES PETITS CAHIERS NOMADES PLEIN D'HUMOUR, 100 DESSINS À COLORIER DESTINÉS À CEUX POUR QUI LA PAUSE COLORIAGE S'IMPOSE

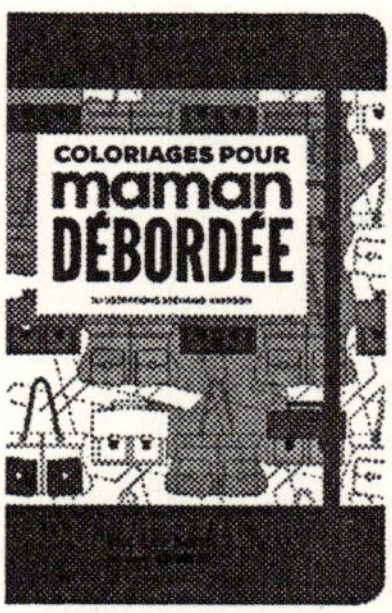

STÉPHANIE BREPSON

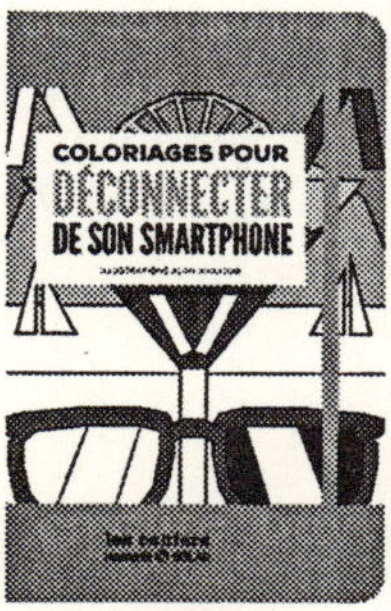

ALAN GUILLOUX

LOOPS

CLARA CATALAN

STÉPHANIE BREPSON

MIXTE
Issu de sources responsables
FSC® C013585

Direction : Jean-Louis Hocq
Direction éditoriale : Suyapa Hammje
Directrice de collection : Aurore Aimelet
Édition : Gwladys Greusard
Rédaction : Élodie Lantelme
Conception graphique et réalisation de la couverture : Guylaine Moi
Illustrations de couverture : Luciano Lozano
Mise en page : Nord Compo
Fabrication : Céline Premel-Cabic

ISBN : 978-2-263-06694-8
Code éditeur : S06694
Dépôt légal : janvier 2015
N° d'impression : 125425
Imprimé par CPI Firmin-Didot à Mesnil-sur-l'Estrée (France)

Solar | un département **place des éditeurs**

place
des
éditeurs